D1924468

marie claire

Frische Küche

© Text, Design, Fotografie, Illustration – Murdoch Books®
Alle Rechte vorbehalten

Kein Teil dieses Werkes darf ohne vorherige schriftliche Einwilligung von Murdoch Books®
in irgendeiner Form (elektronisch, mechanisch, durch Fotokopie oder ein anderes Verfahren) reproduziert,
gespeichert oder übertragen werden.

Murdoch Books® ist eine eingetragene Marke von Murdoch Magazines Pty Ltd.

© der deutschsprachigen Ausgabe:
KOMET Verlag GmbH, Köln

Übersetzung: Scriptorium, Köln

Gesamtherstellung: KOMET Verlag GmbH, Köln

ISBN 3-89836-371-6

marie claire

Frische Küche

Michele Cranston

Fotografiert von

Petrina Tinslay

KOMET

Inhalt

In diesem Buch dreht sich alles um den Genuss frisch geernteter und ebenso frisch zubereiteter Produkte der Saison. Frisches Obst und junges Gemüse voller Geschmack braucht nur noch wenige, geschickt ausgewählte Zutaten und Gewürze, um zu einem Gaumengenuss zu werden. Die Verwendung frischer Lebensmittel ist nicht nur die einfachste Methode, ein köstliches Essen für Freunde und Familie zu zaubern, sondern auch die aufregendste. Lassen Sie sich im Supermarkt und auf dem Wochenmarkt inspirieren: Saftig grüne Salatblätter hier und herrlich cremige Frischkäse dort ergeben im Nu eine köstliche Frühlings-Vorspeise, während sich Erdbeeren und Sahne im Handumdrehen in eine sommerliche Süßspeise verwandeln.

Einfach frisch

Die Rezepte in diesem Buch sind einfach gehalten, erfordern wenig Zeit in der Küche und stellen den Eigengeschmack der Zutaten in den Vordergrund. Saisonale Küche bedeutet, die maximale Wirkung mit den zu dieser Jahreszeit erhältlichen Lebensmitteln zu erzielen – und das heißt nicht nur, die Steinfrüchte des Sommers und die knackigen Grüngemüse des Frühlings zu genießen, sondern auch den herzhaften, erdigen Geschmack der Wintergemüse zu würdigen. Die Natur hat die zu jeder Jahreszeit passenden Aromen bereits vorgegeben; Sie müssen nur noch die Zutaten auswählen, um das Beste zu genießen, was sie zu bieten hat.

Frühling

Der Frühling schenkt uns nach den warmen, robusten Wintergerichten grünes Blattgemüse und knackig frische Salate. Dies ist die Saison der fruchtigen Aromen und frischen Gemüse. Jetzt können Sie auch wieder an frisch gedämpfte Bohnen, leicht mit Butter beträufelten Spargel, smaragdgrüne Erbsen, Schüsseln voller Salatgemüse, gegrillten Fisch und – natürlich – an frische Kräuter denken. Kräuter sollten immer in großen Bünden gekauft und mit wenig Zurückhaltung verwendet werden: Sie sind die Farbe und der Geschmack des Frühlings und werden Sie nie enttäuschen. Mit einem Spritzer Zitrone oder Limette und einer Hand voll Kräuter können Sie selbst das langweiligste Mahl zum Leben erwecken. Der Frühling mit seinen frischen Produkten ist auch die Zeit, die Tischdekoration so einfach wie möglich zu halten und schlicht die Speisen wirken zu lassen.

Spargel

Artischocken

Avocados

Bohnen

Spinat

Erbsen

Brunnenkresse

Pak-choi

Frühlingszwiebeln

Minze

Zuckerschoten

Erdbeeren

Ananas

Melonen

Papaya

Gute Tipps

Minze-Erbsen

Ein alter Klassiker: Grüne Erbsen mit Minze. Geben Sie einige frische Minzeblätter ins Kochwasser und halten Sie die schöneren Blätter für das fertige Gericht zurück. Tropfen Sie die gekochten Erbsen ab und vermischen Sie sie mit Minzeblättern, Olivenöl und viel frisch gemahlenem schwarzem Pfeffer.

Papaya

Das perfekte Frühstück: eine mit Limettensaft abgeriebene Papaya mit Joghurt und Bananenscheiben oder Erdbeeren. Oder geben Sie die Papaya mit Orangensaft, Banane und Joghurt einfach in den Mixer.

Spargel

Frisch gedämpfter grüner Spargel braucht nur wenig mehr als etwas Olivenöl und Zitronensaft. Es gibt aber auch Alternativen. Servieren Sie gedämpfte Spargelstangen mit einem weich gekochten Ei und knusprigem Pancetta zum Frühstück oder servieren Sie die Stangen zusammen mit blanchierten Bohnen und in Butter geschwenktem Blattspinat als warme Beilage.

Gute Tipps

Bohnensalate

Grüne Bohnen dienen als schöne Grundlage für eine Reihe köstlicher Salatkreationen. Probieren Sie einmal jungen Rucola und eine Hand voll Petersilienblätter oder chinesische schwarze Bohnen, geröstete Mandelsplitter, Chilischote und Limettensaft. Wenn Sie leichtere Aromen bevorzugen, vermischen Sie die Bohnen mit etwas Olivenöl, Orangensaft, Balsamessig und frischen Pistazien.

Zitronen

Zitronensaft verleiht jedem Gericht eine leichte Frische und wertet jede fertig gekaufte Sauce auf. Frieren Sie Zitronensaft in Eiswürfelformen ein, um immer einen Vorrat zu haben. Wenn Sie den Zitronengeschmack in Pastagerichten, Risottos und Saucen lieben, schaffen Sie sich ein Zestenmesser an, mit dem Sie die Schale in hauchdünnen Streifen abziehen können.

Marinierte Artischocken

Es ist kein Geheimnis, dass die Zubereitung frischer Artischocken zeitaufwändig ist. Bereiten Sie also immer die doppelte Menge zu, um sich später die Arbeit zu erleichtern. Marinieren Sie die Artischocken in Olivenöl, Zitronensaft und frischen Kräutern und bewahren Sie sie im Kühlschrank auf, um sie einige Tage später erneut zu genießen.

Paprikasalat mit Thunfisch und Ei

Pochierte Tomaten mit Ziegenkäse

Paprikasalat mit Thunfisch und Ei

Für 4 Personen
1 Knoblauchzehe, zerdrückt
1 ½ El Rotweinessig
3 El Olivenöl
1 grüne Paprika, klein gewürfelt
1 gelbe Paprika, klein gewürfelt
3 reife Tomaten, in Spalten geschnitten
150 g junge Rucolablätter
185 g Thunfisch aus der Dose, abgetropft
4 hart gekochte Eier, geviertelt
30 g grob gehackte glatte Petersilie

Knoblauch, Essig, Olivenöl, Paprika und Tomaten in einer Schüssel vorsichtig vermengen. Den Rucola auf vier Teller verteilen und Salat, Thunfisch, Eier und Petersilie darauf anrichten. Mit Salz und Pfeffer abschmecken.

Zubereitungszeit: ca. 40 Minuten
Pro Portion ca. 350 kcal/1465 kJ
22 g E · 6 g KH · 24 g F

Pochierte Tomaten mit Ziegenkäse

Für 4 Personen
4 große Strauchtomaten
1 ½ Tl Meersalz
8 Pfefferkörner
1 El Balsamessig
½ rote Zwiebel, in dünne Streifen geschnitten
6 Petersilienzweige
100 g Rucolablätter
4 El frisches Pesto (siehe Grundrezepte)
115 g Ziegenkäse

Den Backofen auf 180 °C vorheizen. Die Tomaten in eine kleine tiefe Auflaufform geben und die Form bis zur halben Höhe der Tomaten mit Wasser füllen. Salz, Pfefferkörner, Essig, Zwiebel und Petersilie hinzugeben und 40 Minuten im Ofen garen.

Den Rucola auf vier Teller verteilen. Die Tomaten aus der Form heben, auf dem Rucola anrichten und mit etwas Kochflüssigkeit beträufeln. Mit Pesto und zerkrümeltem Ziegenkäse bestreuen und servieren.

Zubereitungszeit: ca. 55 Minuten
Pro Portion ca. 236 kcal/992 kJ
11 g E · 5 g KH · 18 g F

Sardinen auf Toast

Für 4 Personen
3 reife Tomaten, klein gewürfelt
½ rote Zwiebel, in dünne Ringe geschnitten
2 El Weißweinessig
2 El natives Olivenöl extra
1 El Oreganoblätter
1 Tl Butter
8 oder 16 Sardinenfilets, je nach Größe (300 g)
4 dicke Scheiben Vollkornbrot, geröstet

Tomaten, Zwiebel, Essig, Olivenöl und Oregano in einer kleinen Schüssel vorsichtig vermischen und mit Meersalz und frisch gemahlenem schwarzem Pfeffer abschmecken.

Die Butter in einer beschichteten Pfanne bei starker Hitze zerlassen und die Sardinenfilets 1–2 Minuten von jeder Seite anbräunen, dann auf das Brot legen. Den Tomatensalat mit dem Dressing darauf anrichten.

Zubereitungszeit: ca. 35 Minuten
Pro Portion ca. 277 kcal/1160 kJ
19 g E · 22 g KH · 11 g F

Frisch und schnell

- Servieren Sie zu gegrillten Lammfilets einen Salat aus Rucola, zerkrümeltem Blauschimmelkäse und Walnüssen.
- Geben Sie ganze reife Eiertomaten auf ein Backblech und backen Sie sie, bis die Schale Blasen wirft und schwärzt. Pürieren Sie die Tomaten mit einer Hand voll frischer Basilikumblätter und Gewürzen. Geben Sie die Mischung mit genügend Wasser oder Gemüsebrühe in einen Topf, erhitzen Sie die Suppe und servieren Sie sie mit etwas nativem Olivenöl extra und Croûtons.
- Vermischen Sie gewürfelte Tomaten mit weißen Bohnen aus der Dose und Thunfisch aus der Dose. Zerdrücken Sie sie leicht mit etwas Olivenöl und Gewürzen. Bestreichen Sie damit Baguettescheiben oder getoastetes Roggenbrot.

Sardinen auf Toast

Kartoffelsalat

Für 4 Personen
2 große Salatkartoffeln
6 Frühlingszwiebeln, in dünne Ringe geschnitten
75 g glatte Petersilie, grob gehackt
70 g Dill, fein gehackt
125 ml Olivenöl
Fein abgeriebene Schale und Saft von 1 Zitrone

Die Kartoffeln in Stücke schneiden, in einen Topf mit kaltem Salzwasser geben und bei starker Hitze aufkochen. Sobald das Wasser sprudelt, den Topf abdecken und vom Herd nehmen. Die Kartoffeln 30 Minuten ziehen lassen (auf diese Weise garen sie, ohne zu zerfallen oder matschig zu werden).

In der Zwischenzeit Frühlingszwiebeln, Petersilie, Dill, Olivenöl, Zitronensaft und -schale mischen. Die Kartoffeln vor dem Abgießen mit der Messerspitze testen: Sie sollten zart und gar sein. Abgießen und heiß zum Kräuterdressing geben. Vorsichtig unterheben und mit Salz und frisch gemahlenem schwarzem Pfeffer abschmecken.

Zubereitungszeit: ca. 1 Stunde
Pro Portion ca. 342 kcal/1436 kJ
3 g E · 10 g KH · 31 g F

Kokos-Garnelen

Für 20 Stück
4 Eiweiß
125 g Mehl
100 g Kokosflocken
170 ml Pflanzenöl
20 rohe Garnelen, geschält und geputzt
Süße Chili-Ingwer-Sauce
Limettenspalten

Das Eiweiß locker und luftig aufschlagen. Mehl und Kokosflocken auf zwei Teller geben. Eine tiefe Pfanne oder einen Wok erhitzen und das Öl hineingeben. Während das Öl erhitzt wird, eine Garnele in Mehl wenden, ins Eiweiß tauchen und in den Kokosflocken wälzen. Auf die Seite legen. Den Vorgang mit den übrigen Garnelen wiederholen.

Sobald das Öl heiß ist, die Garnelen in Portionen zu fünf Stück vorsichtig ins Öl geben. Wenn die Panade auf einer Seite leicht gebräunt ist, die Garnelen wenden und braten, bis sie rundum goldbraun und knusprig sind. Aus dem Öl heben und auf Küchenpapier abtropfen lassen.

Mit Chili-Ingwer-Sauce und einem Spritzer frischem Limettensaft servieren.

Zubereitungszeit: ca. 40 Minuten
Pro Portion ca. 576 kcal/2414 kJ
31 g E · 24 g KH · 37 g F

Krebscocktail im Blatt

Für 16–20 Stück
2 Eigelb
Fein abgeriebene Schale und Saft von 1 Zitrone
250 ml Olivenöl
1 Tl Dijon-Senf
2 Tl fein gehackter Estragon
1 El Tomatenmark
250 frisches Krebsfleisch
16–20 junge Eisbergblätter
Tabasco

Die Eigelbe mit Zitronensaft und -schale verschlagen. Langsam das Öl zugießen und die Mischung cremig schlagen. Senf, Estragon und Tomatenmark einrühren und auf die Seite stellen.

Das Krebsfleisch mit einer Gabel grob zerteilen, mit dem Dressing vermischen und kräftig abschmecken. Den Cocktail auf jungen Salatblättern anrichten und mit einem Spritzer Tabasco würzen.

Zubereitungszeit: ca. 35 Minuten
Pro Portion ca. 706 kcal/2956 kJ
13 g E · 1 g KH · 69 g F

Garnelen-Sandwich

Für 4 Personen
20 mittelgroße rohe Garnelen, geschält und geputzt
60 ml Limettensaft
60 ml Olivenöl
2 El Pflanzenöl
Limettenmayonnaise (siehe Grundrezepte)
8 Scheiben weißes Sauerteigbrot
Korianderblätter

Die Garnelen mit Limettensaft und Olivenöl in eine Schüssel geben und 30 Minuten marinieren.

Etwas Öl in einer Bratpfanne stark erhitzen. Einige Garnelen in die Pfanne geben und scharf anbraten, bis sie sich einrollen. Wenden und 1 weitere Minute braten, bis sie gar sind. Die übrigen Garnelen in mehreren Portionen auf die gleiche Weise braten.

Jede Brotscheibe mit etwas Limettenmayonnaise bestreichen. Die Garnelen auf vier Scheiben verteilen, mit Koriander bestreuen und mit weißem Pfeffer würzen. Mit den übrigen Brotscheiben bedecken.

Zubereitungszeit: ca. 35 Minuten
(plus Zeit zum Marinieren)
Pro Portion ca. 411 kcal/1721 kJ
24 g E · 67 g KH · 23 g F

Jakobsmuscheln mit Ingwer und Zitronengras

Kokos-Hühnchen-Suppe

Jakobsmuscheln mit Ingwer und Zitronengras

Für 2 Personen
2 El fein gehacktes Zitronengras
2 Tl geriebener frischer Ingwer
½ rote Chilischote, entkernt und fein gehackt
1 El Sesamöl
2 El Mirin
1 El Fischsauce
Saft von 1 Limette
12 Jakobsmuscheln in der Schale, geputzt
Korianderblätter
Limettenspalten

Zitronengras, Ingwer, Chili, Sesamöl, Mirin, Fischsauce und Limettensaft mischen und einige Minuten ziehen lassen.

Etwas Marinade auf jede Muschel geben und die Muscheln in der Schale in einen oder zwei Dämpfeinsätze geben. Die Dämpfeinsätze auf einen Topf mit köchelndem Wasser setzen, abdecken und 4 Minuten dämpfen. Dabei die Einsätze nach 2 Minuten tauschen.

Die Muscheln aus den Einsätzen heben, ohne Flüssigkeit aus den Schalen zu verschütten, mit Koriander bestreuen und mit Limettenspalten garniert servieren.

Zubereitungszeit: ca. 35 Minuten
Pro Portion ca. 196 kcal/819 kJ
22 g E · 2 g KH · 7 g F

Kokos-Hühnchen-Suppe

Für 4 Personen
1 Tl Sesamöl
1 rote Chilischote, entkernt und gehackt
2 Hühnerbrustfilets, quer zur Faser dünn aufgeschnitten
4 Frühlingszwiebeln, geputzt und schräg in Stücke geschnitten
1 rote Paprika, in dünne Streifen geschnitten
1,5 l Hühnerbrühe
400 ml Kokosmilch aus der Dose
3 El Limettensaft
1 El Fischsauce
25 g gehackte Korianderblätter
100 g Zuckerschoten, in kurze Stücke geschnitten
Limettenspalten

Sesamöl, Chili und Hühnchen bei mittlerer Hitze in einen Wok oder einen Topf geben und pfannenrühren, bis das Fleisch bräunt. Frühlingszwiebeln, Paprika, Brühe, Kokosmilch, Limettensaft und Fischsauce hinzugeben, aufkochen und 10 Minuten köcheln lassen.

In der letzten Minute Koriander und Zuckerschoten hinzugeben. Mit Salz und Pfeffer abschmecken und sofort mit Limettenspalten zum Beträufeln servieren.

Zubereitungszeit: ca. 55 Minuten
Pro Portion ca. 118 kcal/496 kJ
16 g E · 5 g KH · 3 g F

Bohnensalat mit Schinken

Für 4 Personen
6 Scheiben roher Schinken
175 g grüne Bohnen
175 g Wachsbohnen
175 g dicke weiße Bohnen aus der Dose
2 El natives Olivenöl extra
2 El Weißweinessig
30 g glatte Petersilie, grob gehackt
2 El geröstete Pinienkerne

In einem großen Topf Wasser zum Kochen bringen. In der Zwischenzeit den Schinken knusprig grillen oder braten und auf Küchenpapier abtropfen. Die grünen und Wachsbohnen einige Minuten in kochendem Wasser blanchieren, bis die grünen Bohnen eine smaragdgrüne Färbung annehmen. Abtropfen und kurz unter fließendem kaltem Wasser abschrecken.

Die Bohnen zusammen mit den dicken Bohnen, Olivenöl, Essig und Petersilie wieder in den Topf geben. Den Schinken in kleine Stücke teilen und mit den Pinienkernen hinzufügen. Alles vermischen, mit Meersalz und schwarzem Pfeffer abschmecken und auf einem Servierteller anrichten.

Zubereitungszeit: ca. 45 Minuten
Pro Portion ca. 379 kcal/1588 kJ
30 g E · 18 g KH · 19 g F

Frisch und schnell

- Vermischen Sie blanchierte grüne Bohnen mit Olivenöl und Tapenade und servieren Sie sie zu gegrillten Thunfischsteaks.
- Weiße Bohnen im Glas sollten in keiner Küche fehlen. Verfeinern Sie sie mit frischen Kräutern und Gewürzen und servieren Sie sie zu gegrilltem Lammfleisch oder pürieren Sie sie mit gebackenem Knoblauch und Olivenöl als Beilage zu gebratenem Steak und gegrillten Tomaten.
- Servieren Sie zu gegrilltem Fisch Zuckerschoten mit einem schnellen Dressing aus Zitronensaft, Olivenöl, gerösteten Sesamkörnern und etwas frischem Ingwer.

Bohnensalat mit Schinken

Frühlings-Muschelsuppe

Machen Sie einen Abstecher zu Ihrem Fischhändler und endecken Sie die unendliche Vielfalt an Fisch und Meeresfrüchten.

Frühlings-Muschelsuppe

Für 4 Personen
1,5 kg geputzte Venusmuscheln
1 El Olivenöl
1 Knoblauchzehe, zerdrückt
2 Scheiben durchwachsener Räucherspeck, gehackt
2 Zwiebeln, gewürfelt
1 rote Chilischote, entkernt und fein gehackt
1 Karotte, gerieben
1 Lorbeerblatt
2 große Kartoffeln, geschält und gewürfelt
2 Selleriestangen, in dünne Scheiben geschnitten
30 g grob gehackte glatte Petersilie

Alle Muscheln entfernen, die sich beim Draufklopfen nicht schließen. 500 ml Wasser in einem großen Topf zum Kochen bringen, die Muscheln hineingeben, abdecken und 2–3 Minuten kochen, bis sie sich öffnen. Alle noch geschlossenen Muscheln wegwerfen. Einige Muscheln als Garnitur auf die Seite stellen, den Rest aus der Schale lösen. Abtropfen und die Kochflüssigkeit aufbewahren.

Olivenöl, Knoblauch und Speck in den Topf geben und bei mittlerer Hitze anbraten, bis der Speck bräunt. Zwiebeln, Chili, Karotte und Lorbeerblatt hinzugeben. Wenn die Zwiebel glasig ist, Kartoffeln, Muschelwasser und 250 ml klares Wasser hinzugeben. Abdecken und 35 Minuten köcheln lassen. Sellerie, Muscheln und Petersilie hinzufügen und mit Meersalz und weißem Pfeffer abschmecken. Die Suppe auf vier Suppenteller verteilen und mit ganzen Muscheln garnieren.

Zubereitungszeit: ca. 55 Minuten
Pro Portion ca. 15 kcal/640 kJ
4 g E · 10 g KH · 10 g F

Miesmuscheln mit Rouille

Für 4 Personen
2 kg Miesmuscheln
2 El Olivenöl
1 Zwiebel, fein gehackt
2 Knoblauchzehen, zerdrückt
3 große reife Tomaten, gewürfelt
1 Lorbeerblatt
1 Fenchelknolle, in dünne Streifen geschnitten
1 Prise Safranfäden
1 Tl Meersalz
250 ml Weißwein
15 g glatte Petersilie
Rouille (siehe Grundrezepte)
Weißbrot

Die Muscheln unter laufendem kaltem Wasser abschrubben und die faserigen „Bärte“ entfernen. Alle Muscheln wegwerfen, die geöffnet sind und sich beim Draufklopfen nicht schließen.

Öl, Zwiebel und Knoblauch in einem großen Topf bei schwacher Hitze andünsten, bis die Zwiebel glasig ist. Tomaten, Lorbeerblatt, Fenchel und Safran hinzugeben, mit Meersalz abschmecken und 10 Minuten köcheln lassen. Den Weißwein zugießen, aufkochen und die Muscheln hineingeben. Den Topf abdecken und unter ein- oder zweimaligem Schwenken einige Minuten kochen lassen, bis sich alle Muscheln geöffnet haben. Alle immer noch geschlossenen Muscheln wegwerfen.

Die Muscheln auf vier tiefe Teller verteilen, mit Petersilie bestreuen und mit der Rouille und ofenfrischem Weißbrot servieren.

Zubereitungszeit: ca. 1 Stunde
Pro Portion ca. 421 kcal/1763 kJ
53 g E · 7 g KH · 12 g F

Gebackener Butterspargel

Für 4 Personen
3 El Butter
2 Bund dünne grüne Spargelstangen, holzige Enden entfernt
4 Scheiben Vollkorntoast
1 Zitrone
30 g gehobelter Parmesan

Den Backofen auf 180 °C vorheizen. Die Butter in einem Bräter bei schwacher Hitze zerlassen. Den Spargel hineingeben und mit etwas Salz und Pfeffer abschmecken. Die Stangen in der Butter wenden und den Bräter 10 Minuten in den Backofen geben.

Die Toastscheiben auf vier Teller verteilen und den Spargel darauf anrichten. Den Bräter mit etwas frisch gepresstem Zitronensaft ausschwenken, den Spargel mit dem Bratsaft beträufeln und mit Parmesanspänen garnieren.

Zubereitungszeit: 45 Minuten
Pro Portion ca. 285 kcal/1193 kJ
11 g E · 28 g KH · 14 g F

Erbsen-Salat-Suppe

Für 4 Personen
2 El Olivenöl
1 Lauchstange, in dünne Scheiben geschnitten
1 Knoblauchzehe, zerdrückt
1 l Gemüse- oder Hühnerbrühe
1 Kopfsalat, Blätter klein geschnitten
125 g frische Erbsen
1 Tl Zucker
20 Minzeblätter
Fein geriebener Parmesan

Öl, Lauch und Knoblauch in einem großen Topf andünsten, bis der Lauch zusammenfällt. Brühe, Salat und Erbsen hinzugeben und aufkochen. Die Temperatur reduzieren und 15 Minuten köcheln lassen, bis die Erbsen zart sind. Vom Herd nehmen und Zucker und Minze einrühren. Die Suppe im Mixer glatt pürieren. Kräftig abschmecken.

Die Suppe mit geriebenem Parmesan zum Bestreuen servieren.

Zubereitungszeit: ca. 35 Minuten
Pro Portion ca. 106 kcal/443 kJ
5 g E · 7 g KH · 6 g F

Backhähnchen mit Zitronenthymian

Für 4 Personen
1 Hähnchen (ca. 1,8 kg)
1 Bund Zitronenthymian
3 Zitronen
1 Zwiebel, geviertelt
2 El weiche Butter

Den Backofen auf 200 °C vorheizen. Das Hähnchen abspülen und mit Küchenpapier trockentupfen. Den Boden eines Bräters mit einem Teil des Zitronenthymians ausstreuen, dann das Hähnchen von außen großzügig mit Salz einreiben und mit der Brust nach oben auf das Thymianbett legen.

Eine der Zitronen halbieren und mit Zwiebelvierteln und etwas Zitronenthymian in das Innere des Hähnchens legen. Die Brust mit der weichen Butter bestreichen und das Hähnchen 1 Stunde und 15 Minuten backen, bis es gar ist. Das Hähnchen aus dem Bräter heben und ein Bein ablösen – der austretende Saft sollte klar und nicht mehr rosa sein.

Die beiden übrigen Zitronen über dem Hähnchen auspressen und das Hähnchen für weitere 5 Minuten in den Ofen geben. Aus dem Ofen nehmen und vor dem Tranchieren 10 Minuten ruhen lassen. Die Hähnchenteile auf einem Servierteller anrichten und mit etwas Bratensaft übergießen.

Zubereitungszeit: ca. 30 Minuten
(plus Backzeit)
Pro Portion ca. 1168 kcal/4891 kJ
115 g E · 4 g KH · 70 g F

Geschmorter Kabeljau

Für 4 Personen
4 Kabeljaufilets (à 200 g)
1 El Olivenöl
2 Knoblauchzehen, in dünne Scheiben geschnitten
4 Frühlingszwiebeln, in dünne Scheiben geschnitten
2 El fein gehackter Dill
250 ml Weißwein
Saft und fein abgeriebene Schale von 1 Zitrone
15 g grob gehackte glatte Petersilie
1 El Butter
Gedämpfte Zuckerschoten

Die Fischfilets unter kaltem Wasser abspülen und mit Küchenpapier trockentupfen, dann mit Salz und weißem Pfeffer einreiben. Das Öl in einer beschichteten Pfanne erhitzen und den Knoblauch hell goldgelb anbraten. Frühlingszwiebeln, Dill, Weißwein, Zitronenschale und -saft hinzugeben und aufkochen.

Den Fisch hineingeben, abdecken, die Temperatur reduzieren und 8 Minuten köcheln lassen. Den Fisch aus der Flüssigkeit heben und auf einem vorgewärmten Servierteller anrichten. Die Sauce bei starker Hitze auf die Hälfte reduzieren, Petersilie und Butter hineingeben und schwenken, bis die Butter zerlassen ist. Die Sauce über den Fisch geben.

Sofort mit gedämpften Zuckerschoten servieren.

Zubereitungszeit: ca. 45 Minuten
Pro Portion ca. 255 kcal/1069 kJ
36 g E · 1 g KH · 5 g F

Schwertfisch mit Pinienkernsauce

Hühnchen-Papaya-Salat

Schwertfisch mit Pinienkernsauce

Für 4 Personen
1 Scheibe Weißbrot ohne Kruste
60 g Pinienkerne
½ Knoblauchzehe
2 El Zitronensaft
1 El Olivenöl
4 Schwertfischsteaks (à 175 g)
Tomatensalat mit roten Zwiebeln und Basilikum

Das Brot in kaltem Wasser einweichen, dann ausdrücken. Pinienkerne, Brot, Knoblauch und Zitronensaft im Mixer zu einer glatten Paste pürieren, dann mit 60 ml Wasser zu einer flüssigen Konsistenz verdünnen.

Das Olivenöl in einer großen Pfanne stark erhitzen. Die Fischsteaks 2 Minuten von einer Seite goldbraun anbraten, dann wenden und die Temperatur reduzieren. Von der anderen Seite 2–3 Minuten braten, bis die Steaks durch sind. Sie sollten sich beim Draufdrücken fest anfühlen.

Die Sauce über den Fisch geben und mit Tomatensalat servieren.

Zubereitungszeit: ca. 40 Minuten
Pro Portion ca. 390 kcal/1633 kJ
37 g E · 7 g KH · 21 g F

Schwarze Bohnen-Salsa mit Tortillas

Für 4 Personen
2 El Olivenöl
1 Knoblauchzehe, zerdrückt
1 El gemahlener Kreuzkümmel
1 rote Paprika, klein gewürfelt
200 g frische Maiskörner
220 g gekochte schwarze Bohnen
25 g grob gehackter Koriander
15 g grob gehackte Minzeblätter
1 El Granatapfelsirup
1 fein gehackte geräucherte Chilischote (Chipotle) oder Tabasco
Rucola
Saure Sahne
Tortillas

Das Olivenöl in einer Pfanne bei mittlerer Hitze erhitzen und Knoblauch, Kümmel und Paprika andünsten, bis die Paprika weich ist. Dann Mais und Bohnen hineingeben. 5 Minuten dünsten, bis der Mais gar ist, dann die Mischung in eine Servierschüssel geben. Die übrigen Zutaten hinzugeben und mit Salz, Pfeffer und Chili oder Tabasco abschmecken.

Mit Rucola, saurer Sahne und warmen Tortillas oder als Beilage servieren.

Zubereitungszeit: ca. 35 Minuten
Pro Portion ca. 226 kcal/947 kJ
10 g E · 31 g KH · 6 g F

Hühnchen-Papaya-Salat

Für 4 Personen
1 Tl Tamarindenmark
1 Tl Sojasauce
2 Tl fein geriebener frischer Ingwer
1 El Palmzucker
½ Tl Kreuzkümmel, geröstet und zerstoßen
1 große rote Chilischote, entkernt und in dünne Streifen geschnitten
2 gebratene Hühnerbrüste, in Stücke geschnitten
80 g Erdnüsse, grob gehackt
1 orange Papaya, geschält, entkernt und in Stücke geschnitten
1 Gemüsegurke, gewürfelt
2 El Röstzwiebeln
2 Frühlingszwiebeln, klein geschnitten
20 g Minzeblätter
15 Betelblätter (nach Belieben)

Tamarindenmark mit 125 ml lauwarmem Wasser aufgießen. Tamarindenwasser, Sojasauce, Ingwer, Palmzucker, Kümmel und Chili in einer großen Schüssel mischen und durchrühren, bis der Zucker gelöst ist. Das Hühnerfleisch ins Dressing geben und gut unterheben. Die übrigen Zutaten in einer zweiten Schüssel mischen und abschmecken.

Betelblätter, Hühnchen und Papaya-Mischung auf vier Tellern anrichten und mit dem verbleibenden Dressing beträufeln und servieren.

Zubereitungszeit: ca. 45 Minuten
Pro Portion ca. 265 kcal/1112 kJ
34 g E · 4 g KH · 11 g F

Frisch und schnell

- Betelblätter erhält man in asiatischen Lebensmittelgeschäften. Sie eignen sich hervorragend für jede Art von Salat. Servieren Sie sie zum Beispiel mit frischem Krebssalat oder kleinen gegrillten Garnelen und Mayonnaise.
- Machen Sie gewürfelte rote Papaya mit einem Dressing aus Limettensaft, Chili, frischem Koriander und dünn geschnittenen Frühlingszwiebeln an und reichen Sie sie zu gebratener Ente.
- Grillen Sie frische Maiskolben über Holzkohle und servieren Sie sie noch in den Blättern zu einer Schüssel geräucherter Chilischoten (Chipotle) oder einer Tabasco-Mayonnaise.
- Granatapfelsirup verleiht jedem Gericht eine bittersüße Frische und eignet sich hervorragend für Tomaten-Salsas und -Saucen wie auch für Rote Bete-Dip. Oder mischen Sie ihn mit Öl, Thymian und Sumach zu einer Marinade für Lammfilets.

Schwarze Bohnen-Salsa mit Tortillas

Artischockensalat mit Bohnen und Feta

Auberginen-Tofu-Salat

Für 4 Personen
2 El weiße Miso (asiatische Würzsauce)
1 El Sojasauce
1 El Zucker
1 El Sesamöl
3 El Pflanzenöl
1 El fein geriebener frischer Ingwer
6 schlanke Auberginen, in Stücke geschnitten
2 rote milde Chilischoten, entkernt und in Ringe geschnitten
2 grüne milde Chilischoten, entkernt und in Ringe geschnitten
400 g geräucherter Tofu, gewürfelt
1 Frühlingszwiebel, fein gehackt
1 El geröstete Sesamkörner

Miso, Sojasauce und Zucker langsam mit 250 ml Wasser verrühren.

Beide Öle in einer großen Pfanne oder einem Wok erhitzen und den Ingwer hineingeben. Sobald er brutzelt, die Aubergine hinzugeben und unter Rühren goldbraun anbraten. Die Miso-Soja-Mischung zugießen und 10 Minuten köcheln lassen. Die Chilies hinzugeben und weitere 2 Minuten kochen, bis sie gerade weich sind.

Den Tofu auf vier Teller verteilen, die Auberginen darauf anrichten und mit Frühlingszwiebel und Sesamkörnern garnieren.

Zubereitungszeit: ca. 55 Minuten
Pro Portion ca. 234 kcal/982 kJ
12 g E · 12 g KH · 15 g F

Artischockensalat mit Bohnen und Feta

Für 4 Personen
4 Artischocken
2 Zitronen, halbiert
4 El Olivenöl
8 Minzeblätter, fein gehackt
250 g grüne Bohnen, geputzt
110 g Ziegen-Feta

Einen großen Topf mit Salzwasser zum Kochen bringen. Die Artischockenstrünke bis auf 2 cm unter dem Kopf abschneiden und die äußeren Blätter abzupfen, bis die Blattansätze gelb und frisch aussehen. Das obere Drittel der Artischocken mit einem scharfen Messer abschneiden und das Heu und die harten inneren Blätter entfernen. Die Artischockenherzen mit zwei Zitronenhälften abreiben, damit sie nicht bräunen. Dann die Artischocken ins kochende Wasser geben und 20 Minuten kochen.

Die Artischockenböden kurz über dem Strunk mit der Messerspitze einstechen – sie sollten zart sein. Die Artischockenherzen 1 Minute kopfüber abtropfen, dann halbieren und mit Olivenöl, Minze und dem Saft der ausgepressten Zitronen in einer Schüssel vermischen und abschmecken.

Die Bohnen in kochendem Wasser blanchieren, bis sie eine smaragdgrüne Farbe annehmen, und unter fließendem kaltem Wasser abschrecken. Die Artischockenherzen auf vier Teller verteilen, die Bohnen darauf anrichten und mit dem zerkrümelten Käse bestreuen.

Zubereitungszeit: ca. 1 Stunde
Pro Portion ca. 223 kcal/934 kJ
11 g E · 7 g KH · 16 g F

Brunnenkressesalat mit Hendl

Für 4 Personen
125 ml Sherry, 125 ml Orangensaft
1 El Sojasauce, 1 Tl Sesamöl
1 Tl Zucker
1 Tl fein geriebener frischer Ingwer
1 Backhendl
110 g Zuckerschoten, geputzt
400 g Brunnenkresse
200 g Wasserkastanien aus der Dose, abgetropft und in Scheiben geschnitten

Sherry und Orangensaft für das Dressing in einem kleinen Topf aufkochen, die Temperatur reduzieren und unter Köcheln auf die Hälfte reduzieren. In eine große Schüssel umfüllen und mit Sojasauce, Sesamöl, Zucker und Ingwer verrühren.

Die Haut des Hähnchens abziehen, das Fett entfernen und die Haut in dünne Streifen schneiden. Die Hautstreifen kurz auf einem Backblech knusprig grillen, dann auf Küchenpapier abtropfen.

Das Fleisch des Hähnchens ablösen, in Streifen schneiden und zum Dressing geben. Die Zuckerschoten in kochendem Wasser blanchieren und unter fließendem kaltem Wasser abschrecken.

Das Fleisch mit Brunnenkresse, Wasserkastanien, Zuckerschoten und Hautstreifen vermischen und servieren.

Zubereitungszeit: ca. 55 Minuten
Pro Portion ca. 614 kcal/2572 kJ
39 g E · 29 g KH · 33 g F

Frisch und schnell

- Richten Sie eine Hand voll Brunnenkresseblätter mit gegrillter Polenta und knusprigem Schinkenspeck an.
- Überbacken Sie dick geschnittene Vollkorntoastscheiben mit Gruyère und richten Sie einen Salat aus jungem Rucola und marinierten Artischockenherzen darauf an.
- Servieren Sie frische Artischocken mit gegrilltem Weißfisch und einem Löffel Aioli.
- Schneiden Sie eine große Aubergine dünn auf und braten Sie sie leicht an. Rollen Sie jede Scheibe um eine Füllung aus Ricotta mit Petersilie, Basilikum und etwas Parmesan auf. Backen Sie die Rouladen 30 Minuten, beträufeln Sie sie mit Tomatensauce und servieren Sie sie mit einem grünen Salat.

Brunnenkressesalat mit Hendl

Grüner Spargel mit Räucherlachs

Für 4 Personen
1 Eigelb
1 Tl Dijon-Senf
1 El Zitronensaft
½ Tl Zucker
125 ml Olivenöl
2 Bund grüner Spargel, geputzt
30 g Croûtons (siehe Grundrezepte)
200 g Brunnenkresseblätter
8 Scheiben Räucherlachs

Das Eigelb mit Senf, Zitronensaft, Zucker und einer Prise Salz verschlagen. Langsam unter Schlagen das Olivenöl zugießen, bis die Mischung cremig wird. Auf die Seite stellen.

Einen großen Topf mit Wasser zum Kochen bringen. Den Spargel 4 Minuten kochen, bis er zart ist, dann unter fließendem kaltem Wasser abschrecken. Gründlich abtropfen. Spargel, Croûtons und Brunnenkresse in einer großen Schüssel mit dem Dressing vermischen. Den Lachs auf vier Teller verteilen, den Salat darauf anrichten und mit frisch gemahlenem schwarzem Pfeffer bestreuen.

Zubereitungszeit: ca. 40 Minuten
Pro Portion ca. 457 kcal/1915 kJ
20 g E · 7 g KH · 38 g F

Lachsfilets mit Tamarindensauce

Für 4 Personen
1/2 Tl Tamarindenmark
1 Tl Fischsauce
1 Tl Sesamöl, 1 Tl Sojasauce
1 Tl Honig
4 Lachsfilets ohne Haut (à 140 g)
1 El Sesamkörner
Gedämpfter Reis
Korianderblätter, Limettenspalten

Tamarindenmark mit 60 ml lauwarmem Wasser aufgießen. Tamarindenwasser, Fischsauce, Sesamöl, Sojasauce und Honig in einer großen Glas- oder Kunststoffschüssel verrühren. Die Lachsfilets unter kaltem Wasser abspülen und mit Küchenpapier trockentupfen, dann in die Marinade geben. Abdecken und mindestens 1 Stunde oder über Nacht im Kühlschrank marinieren.

Eine beschichtete Pfanne bei starker Hitze erhitzen und die abgetropften Filets kurz anbraten. Sobald sie bräunen, die Filets wenden und die Temperatur reduzieren. Die Marinade in die Pfanne geben und die Oberseiten der Filets mit Sesam bestreuen. 5–8 Minuten köcheln lassen, bis die Filets gerade gar sind und die Marinade zu einer sämigen Sauce eingekocht ist. Mit Reis, Korianderblättern und Limettenspalten servieren.

Zubereitungszeit: ca. 50 Minuten
(plus Marinierzeit)
Pro Portion ca. 338 kcal/1417 kJ
28 g E · 2 g KH · 22 g F

Lammkoteletts mit Minze-Salsa

Für 4 Personen
1 Gemüsegurke, fein gewürfelt
2 El fein gewürfelte rote Zwiebel
2 El Balsamessig
1 El natives Olivenöl extra
20 g Minzeblätter
1 El feinster Zucker
1 El Pflanzenöl
12 kleine Lammkoteletts
Gebackene Süßkartoffeln (siehe Grundrezepte)

Die Gurke in einer kleinen Schüssel mit Zwiebel, Essig und Olivenöl mischen. Die Minze fein hacken und dabei mit dem Zucker bestreuen. Minze und Zucker in die Schüssel geben und mit der Salsa verrühren.

Das Öl in einer Pfanne erhitzen und die Koteletts von einer Seite goldbraun anbraten. Wenden und von der anderen Seite je nach Dicke 2–4 Minuten braten, dann die Pfanne vom Herd nehmen, die Koteletts würzen und ruhen lassen.

Die Koteletts auf vier Teller verteilen, etwas Salsa darüber geben und mit gebackenen Süßkartoffeln servieren.

Zubereitungszeit: ca. 50 Minuten
Pro Portion ca. 1195 kcal/5006 kJ
44 g E · 4 g KH · 111 g F

Tamarindensalat mit Ente

Für 4 Personen
4 Entenbrüste, quer zur Faser dünn aufgeschnitten
1 Tl Tamarindenmark, in 125 ml Wasser aufgelöst
2 El geriebener frischer Ingwer
1 Tl chinesisches Fünf-Gewürze-Pulver
2 El Palmzucker, 115 g Zuckerschoten
1 El Sesamöl
1 rote Paprika, in dünne Streifen geschnitten
115 g Bohnensprossen
2 El geröstete Sesamkörner

Entenbrust, Tamarindenwasser, Ingwer, Fünf-Gewürze-Pulver und Palmzucker in einer Schüssel mischen und mindestens 30 Minuten marinieren.

Die Zuckerschoten in kochendem Wasser blanchieren, unter fließendem kaltem Wasser abschrecken und längs halbieren. Einen Wok bei starker Hitze erhitzen. Das Öl hineingeben, den Wok damit ausschwenken und die marinierte Ente 5 Minuten bei starker Hitze pfannenrühren, bis sie gar ist. Das Fleisch aus dem Wok heben, kurz abkühlen lassen, dann mit Zuckerschoten, Paprika und Bohnensprossen vermischen.

Den Wok mit der Marinade ablöschen und 5 Minuten köcheln lassen. Als Dressing über den Salat geben und mit geröstetem Sesam bestreuen.

Zubereitungszeit: ca. 45 Minuten
(plus Zeit zum Marinieren)
Pro Portion ca. 297 kcal/1246 kJ
33 g E · 11 g KH · 13 g F

Frische Erbsen kündigen den Sommer an.

Grüne Erbsen-Curry

Für 4 Personen
2 El Pflanzenöl
2 Tl braune Senfkörner
1 Tl geriebener frischer Ingwer
1 große weiße Zwiebel, in dünne Streifen geschnitten
1 Tl gemahlener Kreuzkümmel
1 Tl gemahlenes Kurkuma
1 rote Chilischote, entkernt und fein gehackt
2 große reife Tomaten, in Stücke geschnitten
2 El fein gehackte Minze
250 g frische Erbsen

Das Öl in einer tiefen Pfanne erhitzen und die Senfkörner hineingeben. Sobald die Körner platzen, Ingwer, Zwiebel und etwas Meersalz hinzugeben und dünsten, bis die Zwiebel glasig ist. Kümmel, Kurkuma und Chili hineingeben, 1 Minute dünsten, dann die Tomaten und 125 ml Wasser hinzufügen. 2 Minuten köcheln lassen, dann die Erbsen hinzugeben.

Abdecken und 10–15 Minuten kochen, bis die Erbsen zart sind. Die Minze einrühren, abschmecken und mit gedämpftem Reis servieren.

Zubereitungszeit: ca. 55 Minuten
Pro Portion ca. 114 kcal/480 kJ
4 g E · 10 g KH · 5 g F

Lammkoteletts in Zitronenthymian

Für 4 Personen
1 Bund Zitronenthymian
12 Lammkoteletts
60 ml Zitronensaft
60 ml Olivenöl
560 g Salatkartoffeln
80 g schwarze Oliven
15 g gehackte glatte Petersilie
60 ml Olivenöl (zusätzlich)

Ein halbes Bund Zitronenthymian in eine Schale geben und die Koteletts darauf legen. Mit dem restlichen Thymian, Zitronensaft und Olivenöl bedecken und mindestens 1 Stunde oder über Nacht im Kühlschrank marinieren.

Die Kartoffeln in große Stücke schneiden, in einen großen Topf mit kaltem Salzwasser geben und bei starker Hitze zum Kochen bringen. Sobald das Wasser kocht, den Topf abdecken und vom Herd nehmen. Die Kartoffeln 30 Minuten garen lassen. Die Koteletts aus der Marinade nehmen und 2–3 Minuten von jeder Seite grillen, dann ruhen lassen. Die Kartoffeln abgießen und zusammen mit Oliven, Petersilie und zusätzlichem Olivenöl wieder in den Topf geben. Kräftig durchrühren, so dass sie mit Öl überzogen werden und zerfallen. Abschmecken. Die Koteletts mit den warmen Kartoffeln und einem grünen Salat servieren.

Zubereitungszeit: ca. 45 Minuten
(plus Zeit zum Marinieren)
Pro Portion ca. 1395 kcal/5842 kJ
47 g E · 21 g KH · 124 g F

Hühnchensalat mit eingelegter Zitrone

Für 4 Personen
1 El Meersalz
Saft von 2 Zitronen
2 Hühnerbrustfilets
3 El Olivenöl
1 Tl gemahlener Kreuzkümmel
1 El fein gehackte eingelegte Zitrone
90 g geröstete Mandelsplitter
50 g grob gehackter Koriander
30 g grob gehackte Minze
60 g Sultaninen

Einen großen Topf mit Wasser zum Kochen bringen und Salz, die Hälfte des Zitronensafts und die Hühnerbrüste hineingeben. Aufkochen, abdecken und vom Herd nehmen. 30 Minuten ziehen lassen. Die Hühnerbrüste aus dem Wasser heben, gut abtropfen lassen und quer zur Faser dünn aufschneiden.

Die Hühnerstreifen zusammen mit Olivenöl, Kümmel, eingelegter Zitrone, dem restlichen Zitronensaft und den Mandelsplittern in eine große Schüssel geben. Kurz vermischen, die restlichen Zutaten hinzugeben und erneut vorsichtig vermengen.

Zubereitungszeit: ca. 1 Stunde
Pro Portion ca. 322 kcal/1349 kJ
22 g E · 10 g KH · 20 g F

Thunfisch mit Tomaten und Oliven

Für 2 Personen
10 Cocktailtomaten, geviertelt
10 Basilikumblätter
16 kleine schwarze Oliven
1 El Balsamessig
2 El natives Olivenöl extra
1 Tl Olivenöl (zusätzlich)
2 Thunfischsteaks (à 200 g)

Tomaten, Basilikumblätter, Oliven, Essig und Olivenöl in einer Schüssel mischen.

Das zusätzliche Olivenöl in einer Pfanne bei starker Hitze erhitzen und die Thunfischsteaks 1 Minute von einer Seite scharf anbraten. Die Steaks wenden, die Temperatur reduzieren und weitere 3–4 Minuten braten.

Den Thunfisch auf vorgewärmte Teller geben und Tomaten und Oliven darauf anrichten. Mit einem grünen Blattsalat servieren.

Zubereitungszeit: ca. 30 Minuten
Pro Portion ca. 775 kcal/3248 kJ
45 g E · 8 g KH · 57 g F

Fischbrühe mit Safran

Für 4 Personen
2 Tl Butter
1 große Prise Safranfäden
1 Zwiebel, klein gewürfelt
2 Knoblauchzehen, zerdrückt
1 Tl fein geriebener frischer Ingwer
30 g Ingwer, geschält und in dünne Stifte geschnitten
6 reife Eiertomaten, gewürfelt
2 El Tomatenmark
½ Tl Meersalz
4 Frühlingszwiebeln, geputzt und in Stücke geschnitten
8 Stücke Seedorsch oder fester Weißfisch (à 115 g)
20 g Korianderblätter
Ofenfrisches Brot

Butter, Safran, Zwiebel, Knoblauch und Ingwer in eine große, schwere Pfanne geben und 2–3 Minuten andünsten, bis die Zwiebel glasig ist. 500 ml Wasser zugießen, dann Tomaten, Tomatenmark und Salz hinzugeben und abgedeckt 20 Minuten köcheln lassen. Frühlingszwiebeln und Fisch in die Tomatenbrühe geben und abgedeckt 7 Minuten köcheln.

Fisch und Brühe auf vier tiefe Teller verteilen und mit den Korianderblättern garnieren. Mit ofenfrischem Brot servieren.

Zubereitungszeit: ca. 1 Stunde
Pro Portion ca. 256 kcal/1071 kJ
41 g E · 6 g KH · 4 g F

Pochiertes Hühnchen mit Koriander

Für 4 Personen
40 g Koriander, gründlich gewaschen
3 Zitronen
1 El Meersalz
4 Hühnerbrustfilets
75 g glatte Petersilie
1 Knoblauchzehe
125 ml Olivenöl
2 Gemüsegurken, in Stücke geschnitten
Blattsalat

Die Stängel des Korianders entfernen und die Hälfte der Blätter in einen großen Topf mit Wasser geben. Den Saft einer Zitrone und das Salz hinzugeben und zum Kochen bringen. Sobald das Wasser kocht, das Hühnchen hineingeben, den Topf abdecken und vom Herd nehmen. 1 Stunde abgedeckt ziehen lassen.

In der Zwischenzeit die restlichen Korianderblätter für das Dressing mit Petersilie, Knoblauch und dem Saft der beiden übrigen Zitronen in einen Mixer geben. Das Olivenöl langsam dazugeben und unterrühren. Abschmecken.

Das gare Hühnerfleisch abtropfen und quer zur Faser dünn aufschneiden. Mit dem Dressing und der Gurke vermischen und mit dem Blattsalat servieren.

(Man kann das Hühnchen auch über Nacht im Dressing im Kühlschrank marinieren. So schmeckt es noch besser.)

Zubereitungszeit: ca. 1 Stunde 20 Minuten
Pro Portion ca. 481 kcal/2016 kJ
36 g E · 3 g KH · 33 g F

Papaya mit Zitronengrassirup

Für 4 Personen
220 g Zucker
2 Stängel Zitronengras, geputzt und zerdrückt
125 ml Passionsfruchtfleisch
2 kleine rote Papayas

Zucker und Zitronengras mit 250 ml Wasser in einem kleinen Topf zum Kochen bringen, die Temperatur reduzieren und 10 Minuten unter Köcheln auf die Hälfte reduzieren.

Das Fruchtfleisch einrühren, dann vom Herd nehmen und abkühlen lassen. Der Sirup hält sich in einem verschlossenen Gefäß im Kühlschrank mehrere Tage lang. Für einen besseren Geschmack das Zitronengras bis zur Verwendung im Sirup belassen.

Den Sirup dünn über die aufgeschnittenen Papayas geben und nach Wunsch mit Zitronen- oder Vanille-Eiscreme servieren.

Zubereitungszeit: ca. 40 Minuten
Pro Portion ca. 253 kcal/1061 kJ
1 g E · 61 g KH · 0 g F

Ananas-Salat

Für 4 Personen
1 Ananas
10 Minzeblätter
2 TL fein geriebener frischer Ingwer
1 TL Orangenblütenwasser

Die Ananas schälen und alle braunen „Augen" entfernen. Längs in dünne Scheiben schneiden, das holzige Innere entfernen und die Scheiben mit Minze, Ingwer und Orangenblütenwasser in eine Schüssel geben. Vermischen, abdecken und 1 Stunde kalt stellen.

Mit Kokos-Eiscreme oder Honig-Joghurt servieren.

Zubereitungszeit: ca. 25 Minuten
(plus Kühlzeit)
Pro Portion ca. 107 kcal/45 kJ
0 g E · 25 g KH · 0 g F

Mango-Orangen-Herzen

Für 6 Personen
1 Mango
Saft von ½ Zitrone
6 Gelatineblätter
110 g Zucker
375 ml frisch gepresster Orangensaft
Sahne, Limettenspalten

Das Fruchtfleisch der Mango mit dem Zitronensaft pürieren. In einem Maßkrug genau 250 ml abmessen. Bei Bedarf mit Wasser oder Orangensaft auffüllen.

Eine große Schüssel mit Wasser füllen und die Gelatineblätter einweichen. In der Zwischenzeit Zucker und Orangensaft in einen kleinen Topf geben. Unter Rühren erhitzen, bis der Zucker gelöst ist, dann vom Herd nehmen und den Saft in eine Schüssel füllen. Die Gelatineblätter ausdrücken und in den warmen Saft geben. Unter Rühren auflösen und dann die pürierte Mango hinzugeben. Die Mischung auf sechs kleine herzförmige Formen oder Ramequin-Förmchen (à 100 ml) verteilen und für einige Stunden in den Kühlschrank stellen.

Den Boden der Formen kurz in warmes Wasser tauchen und die Herzen auf Teller stürzen. Mit Sahne und frischen Limettenspalten zum Beträufeln servieren.

Zubereitungszeit: ca. 30 Minuten
(plus Kühlzeit)
Pro Portion ca. 217 kcal/909 kJ
1 g E · 43 g KH · 0 g F

Frisch und schnell

- Würfeln Sie eine Papaya und eine Mango klein. Verrühren Sie sie mit etwas Mandarinensirup und schichten Sie sie mit Schlagsahne auf einen Biskuitboden.
- Servieren Sie gekühlte reife Ananasspalten mit Limettensorbet.
- Belegen Sie die noch ungebackene Seite eines Pfannkuchens mit einer dünnen Ananasscheibe, bestreuen Sie sie mit etwas Zucker und wenden Sie den Pfannkuchen. Servieren Sie ihn mit Schlagsahne.
- Schneiden Sie eine Mango auf einem Teller auf, beträufeln Sie sie mit etwas Kokoscreme und garnieren Sie sie mit Palmzucker und gerösteten Kokosflocken.

Sommer

Der Sommer ist unbestreitbar die Jahreszeit der Frische. Das sonnige, heitere Wetter verlangt geradezu nach einem entspannten Essen – die Schüsseln mit Salat stehen schon auf der Terrasse, der Grill ist angeheizt und die Getränke sind gekühlt. Was gibt es Besseres? Das Gleiche gilt für die Produkte der Saison: Sonnengereifte Früchte, saftige Beeren und knackige Salate. Bei der sommerlichen Küche dreht sich alles um frische Zutaten und einfache Zubereitung. Hochwertige Lebensmittel benötigen kaum mehr als grob gehackte Kräuter, etwas Chili und einen Spritzer Zitrone. Legen Sie sich einen Vorrat an gutem Olivenöl, hochwertigen Essigen, Kapern und Oliven an und füllen Sie Ihren Kühlschrank mit Salat. Schmücken Sie den Tisch mit einer Schale voll sommerlicher Farben: Zitronen, Limetten und Mangos oder süße Kirschen und frische Erdbeeren.

Gurken

Salat

Radieschen

Zucchini

Tomaten

Paprika

Basilikum

Mais

Beeren

Aprikosen

Pfirsiche

Pflaumen

Mangos

Nektarinen

Kirschen

Trauben

Gute Tipps

Salate

Ein schöner Blattsalat erfordert etwas Sorgfalt. Kaufen Sie lose Blattsalate frisch, sie halten sich nicht im Kühlschrank. Nehmen Sie nur die frischesten Köpfe. Waschen Sie den Salat und entfernen Sie alle braunen Blätter, bevor Sie ihn in einem mit einem feuchten Handtuch ausgeschlagenen, dicht schließenden Behälter lagern.

Paprika

Gegrillte rote Paprika verleihen jedem Sommersalat eine volle rauchige Süße. Sie können in Öl, Knoblauch, frischen Kräutern und – je nach Rezept – gemahlenem Kreuzkümmel oder Paprikapulver mariniert und dann im Kühlschrank aufbewahrt werden. Schneiden Sie dicke Streifen, die schnell zum Salat oder einem anderen Gericht gegeben werden können.

Mango-Salsa

Salsas verleihen herzhaften Gerichten eine sommerliche Note. Mischen Sie gewürfelte Mango in einer Schüssel mit fein gehackten Frühlingszwiebeln, Chillies, Limettensaft und einigen Spritzern Sesamöl und servieren Sie die Salsa zu gegrilltem Hühnchen. Wenn Sie keine Chillies mögen, verwenden Sie dünn geschnittene rote Zwiebeln und Gurke. Würzen Sie die Salsa mit schwarzem Pfeffer und etwas Zitronensaft.

Gute Tipps

Tomaten

Es gibt nichts Enttäuschenderes als eine kalte und geschmacklose Tomate. Dagegen helfen zwei Faustregeln: Niemals Tomaten im Kühlschrank lagern und immer satt rubinrote Tomaten verwenden. Lagern Sie Tomaten in einer Schale in der Küche und verwenden Sie sie nur, wenn sie wirklich reif sind.

Beeren

Beeren und Sahne sind eine himmlische Kombination. Servieren Sie Erdbeeren in einer Schale mit Schlagsahne und zerkrümeltem Baiser oder pürieren Sie sie mit etwas Zucker und Likör und geben Sie die Mischung über Vanille-Eiscreme. Geben Sie gemischte Beeren und geröstete Mandeln in eine Schale und reichen Sie dazu mit Vanille aromatisierte Sahne.

Gurken

Durch Salz wird den Gurken viel Wasser entzogen und der Geschmack intensiviert. Schneiden Sie die Gurke mit dem Sparschäler in dünne Scheiben oder Streifen und bestreuen Sie sie mit etwas Meersalz. Lassen Sie sie 30 Minuten ziehen, drücken Sie sie aus und servieren Sie sie mit Blattsalat oder etwas Dill und saurer Sahne als Beilage zu gegrilltem Lachs.

Tomaten mit Chili und Koriander

Tamarinden-Calamari-Salat

Tomaten mit Chili und Koriander

Für 4 Personen als Beilage
80 g Korianderblätter, grob gehackt
1 rote Zwiebel, klein gewürfelt
2 große rote Chilischoten, entkernt und fein gehackt
1 Tl Meersalz
3 El Olivenöl
1 El Balsamessig
4 große reife Tomaten

Koriander, Zwiebel, Chillies, Salz, Olivenöl und Essig in einer Schüssel verrühren.

Die Tomaten aufschneiden und auf einem Teller anrichten. Die Koriander-Salsa darüber geben, abschmecken und als Beilage oder als Salat mit etwas gebratenem Thunfisch oder frischem Ricotta servieren.

Zubereitungszeit: ca. 30 Minuten
Pro Portion ca. 96 kcal/403 kJ
1 g E · 4 g KH · 8 g F

Risoni mit süß-saurer Paprika

Für 6 Personen
1 rote Zwiebel, in dünne Streifen geschnitten
2 rote Paprika, in breite Streifen geschnitten
2 El Balsamessig
2 El brauner Zucker
250 g Risoni
2 große reife Tomaten, grob gehackt
10 große Basilikumblätter, grob gezupft
150 g junge Rucolablätter
4 El natives Olivenöl extra

Den Backofen auf 180 °C vorheizen. Zwiebel, Paprika, Essig und Zucker in einer Auflaufform vermischen. Mit etwas Meersalz abschmecken, mit Alufolie abdecken und 30 Minuten im Backofen garen.

Die Form aus dem Ofen nehmen und das Gemüse abkühlen lassen. Die Risoni in einem großen Topf mit kochendem Wasser 10 Minuten al dente kochen und gründlich abtropfen.

Die Risoni in einer großen Schüssel mit der Paprikamischung, Tomaten, Basilikum und Rucola vermengen. Abschmecken und mit Olivenöl beträufeln.

Zubereitungszeit: 55 Minuten
Pro Portion ca. 254 kcal/1067 kJ
7 g E · 37 g KH · 8 g F

Tamarinden-Calamari-Salat

Für 4 Personen
1 El Tamarindenkonzentrat
1 El Zucker
2 El Fischsauce
1 El Limettensaft
1 Knoblauchzehe, zerdrückt
1 kleine rote Chilischote, entkernt und in Streifen geschnitten
4 mittelgroße Kalmarmäntel (à 400 g), geputzt
3 El Pflanzenöl
15 g Basilikumblätter
15 g Korianderblätter
90 g Bohnensprossen

Das Konzentrat für das Dressing mit 60 ml warmem Wasser mischen, dann mit Zucker, Fischsauce, Limettensaft, Knoblauch und Chili verrühren, bis der Zucker gelöst ist.

Die Kalmare unter laufendem kaltem Wasser abwaschen und mit Küchenpapier trockentupfen. Die Mäntel auf einer Seite aufschneiden und die Außenseite kreuzförmig einschneiden, damit sie sich beim Braten aufrollen. Das Öl in einer Pfanne bei starker Hitze erhitzen und die Kalmarmäntel 3–4 Minuten von jeder Seite braten.

Die Mäntel in mundgerechte Stücke schneiden und mit Tamarinden-Dressing, Kräutern und Sprossen vermischen. Mit gedämpftem Reis oder Reisnudeln servieren.

Zubereitungszeit: ca. 45 Minuten
Pro Portion ca. 464 kcal/1941 kJ
74 g E · 3 g KH · 12 g F

Frisch und schnell

- Bereiten Sie aus gegrillter Paprika, Sardellen, Kapern und Basilikum eine schnelle Nudelsauce oder einen Belag für Bruschetta zu.
- Würfeln Sie reife Tomaten und salzen Sie sie großzügig. Lassen Sie sie 30 Minuten ziehen und machen Sie sie dann mit Olivenöl, reichlich grob gehackter Petersilie und frischem Parmesan an. Servieren Sie die Sauce mit warmen Nudeln und bestreuen Sie sie mit kleinen Oliven.
- Schneiden Sie gegrillte Paprika in dünne Streifen und machen Sie sie mit frischer Petersilie, einigen Sardellen und etwas Zitronenschale an. Reichen Sie dazu frisch gegrillten Kalmar.

Risoni mit süß-saurer Paprika

Veredelte Gazpacho

Für 4 Personen
4 Gemüsegurken
8 reife Tomaten, grob gehackt
1 El Meersalz
1 Tl gemahlener gerösteter Kreuzkümmel
1 kleine Rote Bete, geschält und gehackt
1 rote Paprika, gewürfelt
3 Frühlingszwiebeln, in dünne Scheiben geschnitten
½ rote Zwiebel, klein gewürfelt
2 El gehackte frische Korianderblätter
Natives Olivenöl extra

Zwei der Gurken grob hacken und die anderen beiden klein würfeln. Tomaten und gehackte Gurken in einer großen Schüssel gründlich mit Salz und Kümmel verrühren und 2 Stunden marinieren. Die Mischung mit der Roten Bete im Mixer pürieren.

Das Püree in ein mit einem Presstuch ausgeschlagenes Sieb geben und alle Flüssigkeit herausdrücken. Das Püree entsorgen und den Saft kalt stellen.

Das klein geschnittene Gemüse und den Koriander in den kalten Saft geben und die Gazpacho 1 weitere Stunde kalt stellen. Abschmecken, in Suppenteller füllen und mit nativem Olivenöl extra beträufelt servieren.

Zubereitungszeit: ca. 45 Minuten
(plus Marinier- und Kühlzeit)
Pro Portion ca. 71 kcal/301 kJ
3 g E · 11 g KH · 1 g F

Ceviche-Salat

Für 4 Personen
500 g Weißfischfilets
125 ml Limettensaft
60 ml Kokoscreme
1 Tl Zucker
1 rote Paprika, in dünne Streifen geschnitten
4 Frühlingszwiebeln, schräg in dünne Scheiben geschnitten
1 große rote Chilischote, entkernt und fein gehackt
2 Tomaten, entkernt und gewürfelt
2 Avocados, gewürfelt
80 g Koriander, grob gehackt

Die Filets in schmale Streifen schneiden, mit dem Limettensaft in eine Glasschüssel geben und wenden. Abdecken und 2 Stunden im Kühlschrank marinieren lassen.

Den Fisch abtropfen lassen und mit den übrigen Zutaten vermischen. Den Salat auf vier Teller verteilen.

Zubereitungszeit: ca. 40 Minuten
(plus Marinierzeit)
Pro Portion ca. 425 kcal/1780 kJ
33 g E · 7 g KH · 28 g F

Gegrillter Ziegenkäse

Für 4 Personen als Vorspeise
250 g Halloumi (halbfester Ziegenkäse)
2 Gemüsegurken
½ rote Zwiebel, in dünne Streifen geschnitten
20 g Minzeblätter
1 El Zitronensaft
9 El Olivenöl

Den Käse längs in 8 dicke Scheiben schneiden. Die Enden der Gurken abschneiden und die Gurken längs in lange dünne Streifen schneiden. Die Gurken in einer Schüssel mit Zwiebel, Minze, Zitronensaft und 6 Esslöffeln Olivenöl vermischen, mit Salz und Pfeffer abschmecken und auf vier Teller verteilen.

Das restliche Öl in einer Pfanne bei starker Hitze erhitzen und die Käsescheiben von beiden Seiten anbraten. Den Ziegenkäse auf dem Salat anrichten und sofort servieren.

Zubereitungszeit: ca. 40 Minuten
Pro Portion ca. 381 kcal/1597 kJ
13 g E · 6 g KH · 33 g F

Gedämpfte Miesmuscheln mit Thai-Salsa

Für 4 Personen
2 kg Miesmuscheln in der Schale
500 ml Weißwein
2 El geriebener Palmzucker
1 El Fischsauce
2 El frischer Limettensaft
1 rote Chilischote, entkernt und fein gehackt
2 Gemüsegurken, klein gewürfelt
1 El klein gewürfelte rote Paprika
15 Minzeblätter, fein gehackt
Limettenspalten

Die Muscheln in kaltem Wasser putzen und die „Bärte" entfernen. Alle geschlossenen Muscheln, die sich beim Draufklopfen nicht öffnen, wegwerfen. Die Muscheln mit dem Wein in einen großen Topf geben. Abdecken und unter gelegentlichem Schwenken bei starker Hitze kochen. Nach 4 Minuten alle geöffneten Muscheln entfernen. Geschlossene Muscheln 1 weitere Minute kochen, dann alle immer noch geschlossenen Muscheln wegwerfen. Die Muscheln abkühlen lassen.

Palmzucker, Fischsauce und Limettensaft in einer kleinen Schüssel verrühren, bis der Zucker gelöst ist, dann Chili, Gurken, Paprika und Minze hinzugeben und verrühren. Die Oberschalen der Muscheln entfernen und die Muscheln in der Unterschale belassen. Die Muscheln auf einem Servierteller mit Limettenspalten anrichten und in jede Schale etwas Salsa geben.

Zubereitungszeit: ca. 1 Stunde
Pro Portion ca. 393 kcal/1647 kJ
50 g E · 7 g KH · 7 g F

Gebratene Garnelen mit Minze-Joghurt-Sauce

Schnapper mit Zitrus-Dressing

Für 4 Personen
2 Orangen
1 Zitrone
2 Limetten
½ Tl rosa Pfefferkörner, grob zerstoßen
4 El Olivenöl
2 El Pflanzenöl
4 Schnapper-Filets mit Haut (à 200 g)

Den Backofen auf 200 °C vorheizen. Für das Dressing Orangen, Zitrone und Limetten fein abreiben und die Schale in eine Schüssel geben. Die Zitrone auspressen und den Saft in die Schüssel geben. Die Orangen und Limetten über der Schüssel filetieren und mit Pfefferkörnern und Olivenöl in der Schüssel verrühren.

Das Pflanzenöl in einer großen, ofenfesten Pfanne stark erhitzen. Die Fischfilets unter kaltem Wasser abwaschen und gründlich mit Küchenpapier trockentupfen. Großzügig salzen und mit der Hautseite nach unten in die heiße Pfanne geben. 1–2 Minuten scharf anbraten, bis die Haut knusprig goldgelb ist, dann wenden.

Die Pfanne in den Backofen geben und die Filets 8 Minuten backen. Auf einem Servierteller anrichten, mit Zitrus-Dressing beträufeln und sofort servieren.

Zubereitungszeit: ca. 55 Minuten
Pro Portion ca. 380 kcal/1553 kJ
45 g E · 7 g KH · 16 g F

Lachs-Carpaccio

Für 4 Personen
1 kleine Fenchelknolle
½ Tl Meersalz
1 Tl fein gehackte Minze, 1 Tl fein gehackter Dill
1 Tl Zucker, Saft von 1 Zitrone
310 g Sashimi-Lachs ohne Haut und Gräten
Kleine gesalzene Kapern
Natives Olivenöl extra

Die Fenchelknolle in hauchdünne Scheiben schneiden und das Fenchelgrün fein hacken. Beides mit Salz, Kräutern, Zucker und Zitronensaft in eine Schüssel geben und gründlich vermischen. Abdecken und mindestens 1 Stunde kalt stellen.

Den Lachs auf Gräten untersuchen, dann in Frischhaltefolie einschlagen und 30 Minuten im Gefrierfach fest werden lassen. Anschließend mit einem sehr scharfen Messer in hauchdünne Scheiben schneiden.

Die Lachsscheiben auf vier kleine Teller verteilen und den Fenchelsalat so darauf anrichten, dass die Scheiben durch den Fenchel zu sehen sind. Mit einigen Kapern bestreuen und mit Olivenöl beträufeln.

Zubereitungszeit: ca. 45 Minuten
(plus Kühlzeit)
Pro Portion ca. 191 kcal/802 kJ
17 g E · 3 g KH · 11 g F

Gebratene Garnelen mit Minze-Joghurt-Sauce

Für 4 Personen
16 große rohe Garnelen, geschält und geputzt
2 El Olivenöl, 4 El Zitronensaft
15 g Minzeblätter
1 grüne Chilischote, entkernt
1 Tl gemahlener gerösteter Kreuzkümmel
1 Tl Zucker
1 El geriebener frischer Ingwer
5 El Naturjoghurt
10 Zuckerschoten, blanchiert
1 Gemüsegurke, gewürfelt
30 g Korianderblätter

Die Garnelen mit Olivenöl und 1 Esslöffel Zitronensaft beträufeln. Minze, restlichen Zitronensaft, Chili, Kümmel, Zucker und Ingwer im Mixer zu einer dünnflüssigen Sauce verarbeiten. Die Sauce in einer Schüssel mit dem Joghurt verrühren und abschmecken.

Eine Pfanne bei starker Hitze erhitzen und die Garnelen in mehreren Portionen scharf anbraten, bis sie die Farbe wechseln und sich einrollen. Wenden und 1 weitere Minute von der anderen Seite braten.

Zuckerschoten, Gurke und Korianderblätter auf vier Teller verteilen und die warmen Garnelen darauf anrichten. Mit der Sauce beträufeln und mit gedämpftem Reis servieren.

Zubereitungszeit: ca. 45 Minuten
Pro Portion ca. 276 kcal/1157 kJ
38 g E · 4 g KH · 9 g F

Frisch und schnell

- Marinieren Sie Garnelen vor dem Grillen in Limettensaft und frischem Ingwer.
- Mischen Sie Joghurt, frisch geriebenen Ingwer, fein gehackte Minze und Koriander zu einer einfachen Beilage für gegrillten Lachs oder Lachsforelle.
- Marinieren Sie dünn aufgeschnittenen Lachs in Zitronensaft, gemahlenem Kreuzkümmel und etwas Olivenöl. Servieren Sie den Fisch als Teil eines Salats oder aufgerollt auf Sesam-Knäckebrot als Snack.
- Bereiten Sie aus geriebenem frischen Ingwer, fein gehackter Chilischote, Limettensaft, gemahlenem Kreuzkümmel und gewürfelten frischen Pfirsichen eine sommerliche Salsa zu.

Spaghettini mit Zucchini und Kapern

Marinierte Oliven eignen sich gut als Snack oder Hors d'oeuvres.

Spaghettini mit Zucchini und Kapern

Für 4 Personen
3 El natives Olivenöl extra
2 Knoblauchzehen, zerdrückt
6 Zucchini, gerieben
400 g Spaghettini
15 g grob gehackte glatte Petersilie
2 El kleine Kapern
110 g Parmesan, gerieben

Einen großen Topf mit Salzwasser zum Kochen bringen. Eine tiefe Pfanne bei mittlerer Hitze erhitzen und Olivenöl und Knoblauch hineingeben. Den Knoblauch unter Rühren hell goldgelb andünsten und dann die Zucchini hineingeben.

Die Zucchini unter Rühren 15 Minuten garen, bis sie trocken werden und am Pfannenboden haften.

Die Nudeln etwa 10 Minuten al dente kochen, abgießen und wieder in den Topf geben. Petersilie, Kapern, den größten Teil des Parmesan und die Zucchini hinzugeben. Vermischen und auf vier Teller verteilen. Mit dem restlichen Parmesan bestreuen.

Zubereitungszeit: ca. 45 Minuten
Pro Portion ca. 590 kcal/2470 kJ
27 g E · 78 g KH · 17 g F

Frischer Mozzarella-Salat

Für 4 Personen als Vorspeise
4 frische Mozzarellakugeln (à 125 g)
4 El natives Olivenöl extra
120 g Salbei
20 große schwarze Oliven, entkernt und geviertelt
Saft und fein abgeriebene Schale von 1 Orange
Focaccia oder Ciabatta

Den Mozzarella in dicke Scheiben schneiden und auf vier Tellern anrichten.

Das Öl in einer Pfanne stark erhitzen und die Salbeiblätter hineingeben. Sobald sie brutzeln und dunkel werden, aus dem Öl nehmen und über den Käse streuen. Den Mozzarella mit ein wenig Öl und Orangensaft beträufeln und mit Oliven und Orangenschale garnieren.

Mit getoastetem Focaccia oder Ciabatta servieren.

Zubereitungszeit: ca. 40 Minuten
530 kcal/2220 kJ
25 g E · 8 g KH · 43 g F

Calamari-Salat mit Pinienkernen

Frischer Tomatensalat mit Oregano

Calamari-Salat mit Pinienkernen

Für 4 Personen
450 g kleine Kalamare
4 Sardellenfilets, fein gehackt
2 El Olivenöl
Fein abgeriebene Schale und Saft von 1 Zitrone
2 Knoblauchzehen, zerdrückt
150 g Rucolablätter
20 g Petersilienblätter
50 g gehobelter Parmesan
80 g geröstete Pinienkerne

Kalamare, Sardellen, Olivenöl, Zitronenschale und Knoblauch in einer Schüssel gründlich mischen. Abdecken und mindestens 1 Stunde marinieren.

Eine schwere Pfanne stark erhitzen und die Kalmare 1–2 Minuten rundum scharf anbraten. Die Marinade zugießen und weitere 30 Sekunden garen. Vom Herd nehmen, die Kalamare einige Minuten ziehen lassen, dann in dünne Ringe schneiden. Die Kalamare mit den übrigen Zutaten in eine Schüssel geben, mit dem Zitronensaft anmachen und alles vermischen.

Zubereitungszeit: ca. 30 Minuten
(plus Zeit zum Marinieren)
Pro Portion ca. 373 kcal/1563 kJ
30 g E · 2 g KH · 26 g F

Frischer Tomatensalat mit Oregano

Für 4 Personen als Beilage
1 kleine Zwiebel, halbiert und in dünne Streifen geschnitten
½ El Zucker
1 El Weißweinessig
2 Strauchtomaten
170 g Oregano
Natives Olivenöl extra

Zwiebel und Zucker mischen, 30 Minuten ziehen lassen, dann den Essig dazugießen. Die Tomaten in Achtel schneiden und mit Meersalz und frisch gemahlenem schwarzen Pfeffer bestreuen.

Unmittelbar vor dem Servieren Tomaten, Zwiebel und frischen Oregano mischen und mit etwas Olivenöl beträufeln.

Zubereitungszeit: ca. 25 Minuten
(plus Zeit zum Ziehen)
Pro Portion ca. 96 kcal/401 kJ
1 g E · 8 g KH · 5 g F

Buchweizennudel-Salat

Für 4 Personen
4 El Hijiki (getrockneter Seetang)
1 Tl gekörnte Brühe
125 ml Sojasauce, 670 ml Mirin (Reiswein)
1 Tl Zucker
1 El sauer eingelegter Ingwer, fein gehackt
4 Frühlingszwiebeln, schräg in dünne Scheiben geschnitten
300 g Soba-Nudeln (japanische Buchweizennudeln)
500 g weißer Rettich, in Stifte geschnitten
1 Gemüsegurke, in Stifte geschnitten
20 Minzeblätter, grob gezupft

Das Hijiki 30 Minuten in warmem Wasser einweichen, dann abtropfen. Brühe, Sojasauce, Mirin und Zucker mit 375 ml Wasser in einen kleinen Topf geben und unter Rühren aufkochen, bis sich der Zucker löst. Vom Herd nehmen und die Sauce abkühlen lassen. Ingwer und Frühlingszwiebeln hinzugeben.

Die Nudeln in sprudelndem Wasser al dente kochen, abgießen und unter kaltem Wasser abschrecken, um die Stärke abzuspülen.

Die Nudeln mit Rettich, Hijiki, Gurke, Minze und Sauce vermischen und auf vier tiefe Teller verteilen. Den Salat allein, mit einem kleinen Stück Teriyaki-Lachs oder der pikanten Lachsforelle auf Seite 83 servieren.

Zubereitungszeit: ca. 45 Minuten
(plus Zeit zum Einweichen)
Pro Portion ca. 450 kcal/1886 kJ
14 g E · 67 g KH · 2 g F

Frisch und schnell

- Schneiden Sie eine rote Zwiebel dünn auf und geben Sie 1 El Weißweinessig und einen Tl Zucker darüber. Lassen Sie sie 1 Stunde ziehen und geben Sie dann Petersilie, Olivenöl, Paprikastreifen und ein paar grüne Pfefferkörner hinzu. Servieren Sie den Salat zu gegrilltem Hühnchen.
- Bereiten Sie aus Mirin, Minzeblättern, frisch geriebenem Ingwer und etwas Traubenkernöl eine schnelle Sauce für Weißfisch oder Garnelen zu.
- Pürieren Sie für eine herzhaftere Variante des Calamari-Salats alle Zutaten bis auf die Kalmare mit etwas Olivenöl im Mixer zu einer sämigen Sauce. Reichen Sie dazu gekochte neue Kartoffeln.

Buchweizennudel-Salat

Grüner Papaya-Salat

Gedämpfter Fisch mit frischen Kräutern

Für 4 Personen
2 Stängel Zitronengras, fein gehackt
60 g feinster Zucker
80 ml Fischsauce
4 Weißfischfilets (à 200 g), in dicke Streifen geschnitten
1 rote Chilischote, entkernt und fein gehackt
2 Tl fein geriebener frischer Ingwer
80 ml Limettensaft
1 El Fischsauce (zusätzlich)
1 El Palmzucker
10 g Minzeblätter
15 g Korianderblätter
15 g Basilikumblätter
3 Gemüsegurken, in Stücke geschnitten

Das Zitronengras mit Zucker, Fischsauce und Fischstreifen in eine Schüssel geben. Den Fisch gründlich in der Marinade wenden und marinieren lassen.

Chili, Ingwer, Limettensaft, zusätzliche Fischsauce und Palmzucker in einer Schüssel verrühren, bis sich der Zucker gelöst hat. Frische Kräuter und Gurke hinzugeben und den Salat auf einem Servierteller anrichten. Die Fischstreifen auf einem Teller in einen Dämpfeinsatz aus Bambus oder Metall setzen und den Einsatz auf einen Topf mit köchelndem Wasser stellen. Abdecken und 3–4 Minuten dämpfen. Den noch heißen Fisch vorsichtig mit dem Salat vermischen.

Zubereitungszeit: ca. 55 Minuten
Pro Portion ca. 225 kcal/943 kJ
38 g E · 9 g kH · 2 g F

Grüner Papaya-Salat

Für 4 Personen
60 ml Limettensaft
3 El Fischsauce
3 El Zucker
2 große rote Chilischoten, entkernt und fein gehackt
1 El fein gehackte Minze
1 grüne Papaya
2 El fein gehackte geröstete Erdnüsse
15 g Korianderblätter

Den Limettensaft für das Dressing in einer Schüssel mit Fischsauce, Zucker, Chili und Minze verrühren, bis sich der Zucker gelöst hat.

Die Papaya schälen und das Fruchtfleisch in Stücken vom Stein lösen. Die Papaya fein reiben oder in Stifte schneiden und mit Erdnüssen und Korianderblättern zum Dressing geben.

Alle Salatzutaten mischen und sofort servieren.

Zubereitungszeit: ca. 35 Minuten
Pro Portion ca. 87 kcal/364 kJ
2 g E · 10 g KH · 4 g F

Kuskus mit Kräutern und Kichererbsen

Für 4 Personen
185 g Kuskus
1 Tl Butter
400 g Kichererbsen aus der Dose, abgespült und abgetropft
2 reife Eiertomaten, entkernt und gewürfelt
½ rote Zwiebel, klein gewürfelt
10 g Minzeblätter
15 g Korianderblätter
10 g glatte Petersilie
1 El Zitronensaft
3 El Olivenöl
2 El gewürfelte eingelegte Zitrone

Den Kuskus mit der Butter in eine große Schüssel geben und mit 250 ml kochendem Wasser bedecken. 20–30 Minuten quellen lassen, dabei hin und wieder mit einer Gabel auflockern. Die Körner trennen, dann die übrigen Salatzutaten hinzugeben.

Den Kuskus mit dem Salat vermischen und mit Meersalz und frisch gemahlenem schwarzem Pfeffer abschmecken.

Zubereitungszeit: ca. 35 Minuten
(plus Zeit zum Quellen)
Pro Portion ca. 571 kcal/2391 kJ
25 g E · 83 g KH · 13 g F

Frisch und schnell

- Für eine etwas aromatischere Variante des Papaya-Salats ersetzen Sie die grüne Papaya durch eine grüne Mango.
- Statt der eingelegten Zitronen können Sie indische eingelegte Limetten oder Mangos verwenden. Klein gewürfelte eingelegte Limette passt auch sehr gut in jede Mayonnaise. Reichen Sie dazu gegrillte Garnelen.
- Bereiten Sie aus gewürfelter Tomate, eingelegter Zitrone und Petersilie eine wunderbare Beilage zu gegrilltem Fisch oder gebackenem Hühnchen zu.

Kuskus mit Kräutern und Kichererbsen

Sesamsalat

Für 4 Personen
4 El Olivenöl
1 El Sojasauce
1 Tl Sesamöl
2 El Limettensaft
1 Tl Zucker
1 Tl fein geriebener frischer Ingwer
20 Zuckerschoten, geputzt
140 g Austernpilze, geviertelt
30 g Korianderblätter
1 rote Paprika, in dünne Streifen geschnitten
2 Frühlingszwiebeln, geputzt und in dünne Scheiben geschnitten
1 große rote Chilischote, entkernt und fein gehackt
3 El Sesamkörner

Das Olivenöl für das Dressing in einer kleinen Schüssel mit Sojasauce, Sesamöl, Limettensaft, Zucker und Ingwer verrühren.

Die Zuckerschoten in kochendem Wasser blanchieren und unter fließendem kaltem Wasser abschrecken. Längs halbieren und mit Austernpilzen, Korianderblättern, Paprika, Frühlingszwiebeln und Chili in eine Schüssel geben. Mit dem Dressing mischen und abschmecken.

Eine beschichtete Pfanne stark erhitzen und die Sesamkörner unter Rühren leicht anbräunen. Über den Salat streuen.

Zubereitungszeit: ca. 45 Minuten
Pro Portion ca. 160 kcal/672 kJ
2 g E · 4 g KH · 14 g F

Schwertfisch mit grünen Bohnen

Für 4 Personen
3 El Zitronensaft
6 El natives Olivenöl extra
1 Knoblauchzehe, zerdrückt
1 El Zitronenthymianblätter
300 g grüne Bohnen, geputzt
4 Schwertfischsteaks (à 200 g)
2 El Olivenöl (zusätzlich)

Zitronensaft, natives Olivenöl, Knoblauch und Zitronenthymian in einer kleinen Schüssel mischen.

Einen großen Topf mit Salzwasser zum Kochen bringen, die Bohnen hineingeben und 1 ½–2 Minuten blanchieren, bis sie smaragdgrün und gerade gar sind. Abtropfen und unter fließendem kaltem Wasser abschrecken. Die Schwertfischsteaks großzügig mit Meersalz würzen.

Das zusätzliche Olivenöl in einer großen Pfanne stark erhitzen und die Steaks 3 Minuten von einer Seite goldbraun anbraten. Wenden und weitere 3–4 Minuten braten, bis sie gar sind (man kann sie auch grillen).

Jeweils ein Steak auf einen Teller geben und mit cem Zitronenthymian-Dressing beträufeln. Einige grüne Bohnen darauf anrichten und mit frisch gemahlenem schwarzem Pfeffer bestreuen.

Zubereitungszeit: ca. 45 Minuten
Pro Portion ca. 420 kcal/1760 kJ
40 g E · 4 g KH · 24 g F

Lammfilet mit Kümmel und Tomate

Für 4 Personen
2 große reife Tomaten, geachtelt
½ Tl Meersalz
1 Tl gemahlener gerösteter Kreuzkümmel
1 El Olivenöl
1 rote Zwiebel, in Spalten geschnitten
1 El Pflanzenöl
500 g Lammfilet ohne Fett
100 g Spinatblätter

Den Backofen auf 180 °C vorheizen. Die Tomaten in eine Auflaufform setzen und Salz, Kümmel, Olivenöl und Zwiebel darüber verteilen. 20 Minuten backen.

Wenn die Tomaten fast gar sind, eine ofenfeste Pfanne stark erhitzen und einen Esslöffel Öl hineingeben. Die Filets rundum anbräunen und dann je nach gewünschtem Gargrad 5–8 Minuten in den Ofen geben.

Tomaten und Filets aus dem Ofen nehmen. Die Spinatblätter auf vier Teller verteilen und die Tomaten darauf setzen. Das Fleisch quer zur Faser in dünne Streifen schneiden, auf den Tomaten anrichten, mit Bratsaft beträufeln und mit schwarzem Pfeffer bestreuen.

Zubereitungszeit: ca. 55 Minuten
Pro Portion ca. 438 kcal/1835 kJ
15 g E · 2 g KH · 40 g F

Gebratener Seehecht

Für 4 Personen
60 ml Zitronensaft
125 ml Olivenöl
2 El fein gehackte Minze
2 El fein gehackter Dill
1 Knoblauchzehe, zerdrückt
8 Seehechtfilets (ca. 500 g)
Blattsalat
Gekochte neue Kartoffeln
Zitronenspalten

Zitronensaft, Olivenöl, Minze, Dill und Knoblauch in einer großen Schüssel verrühren. Die Filets unter kaltem Wasser abspülen und mit Küchenpapier trockentupfen, dann in der Marinade wenden, abdecken und einige Stunden im Kühlschrank marinieren.

Eine große beschichtete Pfanne stark erhitzen. Den Seehecht 1–2 Minuten von jeder Seite braten, dann aus der Pfanne heben. Die Marinade in die Pfanne geben und 1 Minute kochen. Die Filets auf Salat mit geviertelten neuen Kartoffeln, etwas Marinade und einer Zitronenspalte servieren.

Zubereitungszeit: ca. 45 Minuten
(plus Zeit zum Marinieren)
Pro Portion ca.123 kcal/516 kJ
22 g E · 2 g KH · 11 g F

Pikante Lachsforelle

Größere Chillies wie diese sind meist süßer und milder als die kleineren, die recht feurig sein können.

Kokos-Hühnchen-Salat

Pikante Lachsforelle

Für 4 Personen
560 g Lachsforellenfilet ohne Haut und Gräten
1 Tl Sesamöl
4 Frühlingszwiebeln, geputzt und in 3 cm lange Stücke geschnitten
185 ml Apfelessig
55 g Zucker
2 cm großes Stück frischer Ingwer, geschält und gerieben
2 große rote Chilischoten, entkernt und in dünne Streifen geschnitten
10 cm langes Stück junges Zitronengras, fein gehackt
4 Sternanis
1 Tl Szechuan-Pfefferkörner
Udon-Nudeln

Den Fisch in 1 cm breite Streifen schneiden und in einer Lage in eine große, tiefe Auflaufform geben.

Sesamöl und Frühlingszwiebeln in einem Topf bei mittlerer Hitze erhitzen und braten, bis die Frühlingszwiebeln leuchtend dunkel grün sind. Mit 500 ml Wasser ablöschen und Essig, Zucker, Ingwer, Chillies, Zitronengras, Anis und Pfefferkörner einrühren. Aufkochen und rühren, bis sich der Zucker gelöst hat, dann über den Fisch geben und abkühlen lassen.

Mit japanischen Udon-Nudeln servieren.

Zubereitungszeit: ca. 40 Minuten
Pro Portion ca. 208 kcal/847 kJ
27 g E · 6 g KH · 6 g F

Kokos-Hühnchen-Salat

Für 4 Personen
2 El fein gehacktes Zitronengras
3 El Limettensaft
1 Tl Palm- oder brauner Zucker
250 ml Kokosmilch
1 Tl Sesamöl
2 Hühnerbrustfilets
70 g Minze
¼ frische Kokosnuss ohne Schale, gerieben und geröstet
100 g Zuckerschotensprossen
2 Gemüsegurken, in dünne Scheiben geschnitten
2 El Sesamkörner, geröstet
Limettenspalten

Den Backofen auf 180 °C vorheizen. Für das Dressing Zitronengras, 2 Esslöffel Limettensaft, Palmzucker und Kokosmilch in einem kleinen Topf bei schwacher Hitze verrühren. Unter gelegentlichem Rühren 10 Minuten köcheln assen, damit sich der Zucker löst, dann vom Herd nehmen und abkühlen lassen.

Das Sesamöl und den restlichen Limettensaft in eine kleine Schüssel geben. Die Hühnerbrüste hinzugeben und wenden, dann in eine Auflaufform legen. Das Fleisch mit der Marinade übergießen, mit Alufolie abdecken und 30 Minuten backen. Aus dem Ofen nehmen und vollständig abkühlen lassen. Grob klein schneiden und in die Schüssel mit dem Dressing geben. Die übrigen Salatzutaten hinzufügen und mit den Sesamkörnern vermischen. Mit Limettenspalten garniert servieren.

Zubereitungszeit: ca. 1 Stunde 20 Minuten
Pro Portion ca. 287 kcal/1204 kJ
27 g E · 10 g KH · 13 g F

Avocadosalat mit eingelegter Zitrone

Für 6 Personen als Beilage
2 Avocados
3 Gemüsegurken
2 El fein gehackte eingelegte Zitrone
50 g grob gehackter Koriander
2 El Olivenöl
1 El Zitronensaft

Die Avocados schälen, entkernen und in mundgerechte Stücke schneiden. Die Gurken längs halbieren und schräg in dicke Stücke schneiden.

Avocados, Gurken, Zitrone, Koriander, Olivenöl und Zitronensaft in einer Schüssel vorsichtig vermischen, so dass die Avocodostücke ganz bleiben.

Zu gegrilltem Fisch oder als Beilagensalat servieren.

Zubereitungszeit: ca. 30 Minuten
Pro Portion ca. 190 kcal/797 kJ
2 g E · 2 g KH · 19 g F

Fattoush

Für 4 Personen
1 Knoblauchzehe, zerdrückt
1 Tl Meersalz
4 El Zitronensaft
4 El natives Olivenöl extra
3 reife Tomaten, in Spalten geschnitten
2 El Sumach-Gewürz
1 ½ mittelgroße Pita-Brote
125 ml Olivenöl (zusätzlich)
1 Salatgurke, geschält, halbiert, entkernt und in dicke Scheiben geschnitten
5 Frühlingszwiebeln, schräg in dünne Scheiben geschnitten
6 Radieschen, in dünne Scheiben geschnitten
50 g junge Rucolablätter
20 g glatte Petersilie
10 Minzeblätter, grob gehackt
1 Romanasalat, grob gehackt

Knoblauch, Salz, Zitronensaft und Olivenöl in einer großen Schüssel mit Tomaten und Sumach verrühren. Das Brot in mundgerechte Stücke schneiden und bei mittlerer Hitze im Olivenöl goldbraun rösten. Die Croûtons mit einem Schaumlöffel aus der Pfanne heben und auf Küchenpapier abtropfen lassen.

Gurke, Frühlingszwiebeln, Radieschen, Rucola, Kräuter und Salat zu den Tomaten geben und kurz vor dem Servieren mit den Croûtons vermischen.

Zubereitungszeit: ca. 45 Minuten
Pro Portion ca. 150 kcal/629 kJ
4 g E · 8 g KH · 11 g F

Forellensalat mit Gurke

Für 4 Personen
2 Salatgurken, geschält und entkernt
1 El Meersalz
1 geräucherte Forelle (ca. 250 g)
1 Tl Zucker
1 El Zitronensaft
30 g Schnittlauch, fein gehackt
125 ml Sahne
1 El fein gehackter Dill
400 g Brunnenkressezweige

Die Gurken in dünne Scheiben schneiden, salzen und 30 Minuten in einem Sieb abtropfen lassen.

Die Haut der Forelle abziehen und das Fleisch zerkleinern, dabei alle Gräten entfernen. Die Gurkenscheiben ausdrücken und mit dem Fisch in eine große Schüssel geben.

Zucker, Zitronensaft, Schnittlauch, Sahne und Dill verrühren, über Gurke und Fisch geben und alles vermischen. Die Brunnenkresse auf vier Teller verteilen und den Salat darauf anrichten.

Zubereitungszeit: ca. 30 Minuten
(plus Zeit zum Abtropfen)
Pro Portion ca. 205 kcal/860 kJ
16 g E · 4 g KH · 13 g F

Fenchelsalat

Für 4 Personen als Beilage
2 El Balsamessig
4 El Olivenöl
1 Tl Dijon-Senf
2 Fenchelknollen, in dünne Streifen geschnitten
2 Orangen, filetiert
20 g glatte Petersilie
30 g Walnüsse, grob gehackt
20 kleine schwarze Oliven

Essig, Öl und Senf in einer kleinen Schüssel verrühren. Fenchel, Orangen, Petersilie, Walnüsse und Oliven in einer großen Salatschüssel vermischen und mit dem Dressing beträufeln.

Zubereitungszeit: ca. 35 Minuten
Pro Portion ca. 263 kcal/1103 kJ
5 g E · 9 g KH · 22 g F

Brombeercreme

Beschwipste Trauben

Für 4 Personen
500 g grüne kernlose Trauben
3 El brauner Zucker
4 El Wodka
4 El Crème fraîche
45 g geröstete Mandelsplitter

Die Trauben halbieren und in einer Glasschüssel mit Zucker, Wodka und Crème fraîche vermischen. Mit Frischhaltefolie abdecken und mehrere Stunden kalt stellen.

Die Trauben auf vier Dessertschalen verteilen und mit den gerösteten Mandeln bestreuen.

Zubereitungszeit: ca. 25 Minuten
(plus Kühlzeit)
Pro Portion ca. 181 kcal/758 kJ
1 g E · 27 g KH · 4 g F

Brombeercreme

Für 6 Personen
300 g Brombeeren
3 El feinster Zucker
2 El Crème de Framboise (nach Wunsch)
1 Tl Orangenblütenwasser
315 ml Sahne, geschlagen

Die Brombeeren im Mixer mit Zucker, Likör und Orangenblütenwasser pürieren (man kann die Kerne nach Wunsch aussieben).

Die Sahne unter das Püree ziehen und die Mischung in vier gekühlte Schälchen füllen.

Die Creme mit Mandelbrot oder italienischen Biscotti servieren.

Zubereitungszeit: ca. 25 Minuten
Pro Portion ca. 219 kcal/919 kJ
2 g E · 10 g KH · 19 g F

Weißes Pfirsicheis

Für 6 Personen
3 große Pfirsiche, geschält und entkernt
3 El Cointreau
2 El Zitronensaft
1 TL Rosenwasser
4–6 El feinster Zucker
315 ml Sahne, geschlagen
75 g geröstete Mandelsplitter

Die Pfirsiche klein würfeln und mit Likör, Zitronensaft, Rosenwasser und Zucker verrühren, bis sich der Zucker gelöst hat.

Die Sahne unter die Mischung ziehen, dann die Mandeln einrühren. In eine 22 x 8 x 7 cm große Terrinenform geben und über Nacht ins Gefrierfach stellen.

Die Form kurz in heißes Wasser tauchen, dann stürzen.
Die Eiscreme in Scheiben auf gekühlten Tellern servieren.

Zubereitungszeit: ca. 35 Minuten
(plus Kühlzeit)
Pro Portion ca. 305 kcal/1277 kJ
4 g E · 17 g KH · 23 g F

Frisch und schnell

- Servieren Sie Mandelbrot oder Biscotti mit Schlagsahne und dünn aufgeschnittenen Pfirsichen, die Sie mit etwas schwarzem Pfeffer bestreuen.
- Sie können die Brombeeren für die Fruchtcreme auch durch eine Beerenmischung ersetzen.
- Bereiten Sie aus Himbeeren, Pfirsichen, Orangensaft und einer Hand voll zerstoßenem Eis einen erfrischenden Sommerdrink zu.
- Ein klassisches Sommer-Highlight ist ein Obstsalat aus frisch aufgeschnittenen Pfirsichen, Bananen, Melonen und dem Saft einer Orange oder Limette. Reichen Sie dazu Eiscreme.

Marinierte Pflaumen mit getoastetem Napfkuchen

Nektarinensalat

Für 6 Personen
8 Nektarinen, entkernt und geachtelt
150 g Himbeeren
1 El frisch geriebener Ingwer
45 g brauner Zucker
Saft von 1 Limette

Alle Zutaten vorsichtig in einer großen Schüssel vermischen und 1 Stunde marinieren.

Mit Crème fraîche oder Naturjoghurt servieren.

Zubereitungszeit: ca. 20 Minuten
(plus Zeit zum Marinieren)
Pro Portion ca. 93 kcal/391 kJ
1 g E · 21 g KH · 0 g F

Marinierte Pflaumen mit getoastetem Napfkuchen

Für 4 Personen
400 g reife Pflaumen, entkernt und hauchdünn aufgeschnitten
2 El feinster Zucker
½ Vanilleschote, fein gehackt
6 El Dessertwein
4 Scheiben Napfkuchen

Pflaumenscheiben, Zucker, Vanille und Wein in einer Schüssel mischen, mit Frischhaltefolie abdecken und mehrere Stunden kalt stellen.

Die Pflaumenscheiben aus dem Kühlschrank nehmen. Die Kuchenscheiben von beiden Seiten hell goldbraun toasten.

Die Kuchenscheiben auf Dessertteller legen, die marinierten Pflaumen darauf anrichten, mit dem Saft beträufeln und mit Vanilleeis servieren.

Zubereitungszeit: ca. 40 Minuten
(plus Kühlzeit)
Pro Portion ca. 69 kcal/341 kJ
1 g E · 15 g KH · 0 g F

Pfirsich-Blaubeer-Küchlein

Für 4 Personen
60 g Weizenmehl
30 g Maismehl
45 g brauner Zucker
½ Tl Ingwerpulver
½ Tl Backpulver
1 ½ El weiche Butter
1 Eigelb
150 g Blaubeeren
2 El feinster Zucker
2 Pfirsiche, geschält und in Scheiben geschnitten
Puderzucker
Schlagsahne

Den Backofen auf 180 °C vorheizen. Beide Sorten Mehl, braunen Zucker, Ingwerpulver und Backpulver in eine Schüssel sieben und mit der Butter und dem Eigelb zu einem geschmeidigen Teig verarbeiten. Wenn der Teig zu fest ist, mit etwas kaltem Wasser verkneten. Den Teig ausrollen und vier 8 cm große Kreise ausstechen.

Den Teig auf ein mit Backpapier ausgelegtes Blech legen und 12 Minuten goldbraun backen. Abkühlen lassen. Eine beschichtete Pfanne bei mittlerer Hitze erhitzen und Blaubeeren, 2 Esslöffel Wasser und den Zucker erhitzen, bis sich der Zucker aufgelöst hat und die Beeren glänzen und aufzuplatzen beginnen. Die Teigböden auf vier Teller geben, Pfirsiche und Beeren darauf anrichten und mit Puderzucker bestäuben. Mit Schlagsahne servieren.

Zubereitungszeit: ca. 55 Minuten
Pro Portion ca. 231 kcal/970 kJ
4 g E · 40 g KH · 5 g F

Frisch und schnell

- Pochieren Sie Pflaumen in Orangensaft mit Zimt oder Vanille und servieren Sie sie mit Schlagsahne und Schokoladenplätzchen.
- Bestreuen Sie Nektarinenhälften mit Zucker, karamellisieren Sie sie unter dem Backofengrill und servieren Sie sie auf Pistazieneiscreme.
- Mahlen Sie Rohrzucker mit einer Vanilleschote in der Gewürzmühle zu feinem Pulver und besprenkeln Sie damit eine Schale mit Blaubeeren. Vermischen Sie die Blaubeeren mit einem Spritzer Cointreau und schichten Sie sie mit Schlagsahne und Himbeeren in gekühlte Weingläser.

Pfirsich-Blaubeer-Küchlein

Herbst

Wenn sich an den Bäumen die ersten Blätter golden färben und der erste Frost von den kommenden kalten Monaten kündet, beginnt man über wärmende Speisen nachzudenken. Dabei heißt es nicht, auf frische Produkte zu verzichten, denn jetzt kommt die Zeit der köstlichen Wurzelgemüse. Richten Sie Ihr Augenmerk auf die herbstlichen Aromen: das Erdige von Pilzen, Auberginen und Rote Bete und die fruchtige Fülle von Quitten und Feigen. Denken Sie an cremigen, reifen Käse, Walnüsse, Pekannüsse, frisch geschälte Birnen, warmes Blattgemüse, gerösteten Kürbis und würzigen Zimt. Dekorieren Sie Tisch und Wohnung mit Herbstlaub und Geschirr und Stoffen in warmen, herbstlichen Braun- und Rottönen.

Kürbisse

Rote Bete

Chicorée

Champignons

Knollensellerie

Fenchel

Oliven

Spinat

Rettich

Lauch

Zwiebeln

Süßkartoffeln

Granatäpfel

Birnen

Nüsse

Feigen

Orangen

Quitten

Gute Tipps

Rote Bete

Marinieren Sie gebackene Rote Bete in etwas Öl mit Knoblauch und Granatapfelsirup. Wenn Sie junge Rote Bete kochen, heben Sie die kleineren Blätter als Garnitur auf. Pürieren Sie gebackene Rote Bete mit etwas geröstetem Knoblauch und Gewürzen und servieren Sie sie zu gegrilltem Lamm oder Rind.

Fenchel

Wenn Sie den Geschmack und Biss rohen Fenchels mögen, schaffen Sie sich einen kleinen Gemüsehobel an, der hauchdünne Scheiben schneidet – so erhält jeder warme Salat einen leichten Biss. Marinieren Sie Fenchelscheiben mit hochwertigem Olivenöl, Zitronensaft und entkernten Oliven und reichen Sie sie zu gegrilltem Weißfisch.

Quitten

Verrühren Sie gebackene Quitten mit Schlagsahne oder Vanillesauce. Bereiten Sie aus den Schalen einen Sirup zu, indem Sie sie in Zuckersirup mit Vanille oder Zimt köcheln. Gießen Sie den Sirup durch ein Sieb ab und pochieren Sie darin Birnen oder geben Sie ihn über einen Hefe- oder Schokoladenkuchen.

Gute Tipps

Champignons

Schneiden Sie Champignons dünn auf und marinieren Sie sie in Olivenöl, etwas Balsamessig, Knoblauch und fein gehackter Petersilie. Reichen Sie sie als Beilage oder auf Bruschetta. Backen Sie mit fein gehacktem Prosciutto und Tomaten gefüllte Köpfe von Wiesenchampignons und servieren Sie sie zu Rührei.

Sellerie

Reiben Sie eine Sellerieknolle und vermischen Sie sie mit Mayonnaise, Senf und einer Hand voll gehackter glatter Petersilie. Grob gehackter Sellerie ist eine hervorragende Ergänzung zu gebackenem Gemüse.

Auberginen

Braten Sie hauchdünn geschnittene Auberginenscheiben knusprig und servieren Sie sie mit gewürztem Joghurt und Kichererbsenpüree (Hummus). Schneiden Sie eine Aubergine für eine Nudelsauce in Stücke und braten Sie sie leicht mit Knoblauch, Paprika und (zum Schluss) Dosentomaten an.

Forellenbratlinge mit Blattspinat

Forellenbratlinge mit Blattspinat

Für 4 Personen
2 mittelgroße Kartoffeln, geschält
2 Frühlingszwiebeln, in dünne Scheiben geschnitten
200 g geräucherte Forelle ohne Haut und Gräten
75 g Dill, fein gehackt
2 El fein gehackter Schnittlauch
1 Ei
60 ml Pflanzenöl
2 El Butter
750 g Blattspinat, gewaschen
Zitronenhälften

Die Kartoffeln in Stücke schneiden, in einem Topf mit kaltem Salzwasser zum Kochen bringen und unter Köcheln garen. Abgießen und zerstampfen.

Frühlingszwiebeln, Forelle, Dill und Schnittlauch zum Püree geben, verrühren, abschmecken und dann das Ei einrühren Die Mischung zu 16 Bratlingen formen.

Das Öl in einer Pfanne erhitzen und die Bratlinge portionsweise rundum goldbraun braten. Auf Küchenpapier abtropfen.

Die Butter in einer zweiten Pfanne zerlassen und den Spinat 1 Minute andünsten, bis er zusammenfällt. Den Spinat auf vier Teller verteilen und die Bratlinge darauf setzen. Mit Zitronenhälften servieren.

Zubereitungszeit: ca. 55 Minuten
Pro Portion ca. 277 kcal/1159 kJ
24 g E · 9 g KH · 14 g F

Überbackene Eier

Für 4 Personen
1–2 El weiche Butter
4 Scheiben Prosciutto, fein gehackt
4 El fein gehackte Petersilie
8 Eier
2 El geriebener Gruyère
Buttertoast

Den Backofen auf 180 °C vorheizen. Vier 8 cm große Ramequin-Förmchen großzügig buttern und in eine halb mit Wasser gefüllte Auflaufform stellen.

Prosciutto und Petersilie auf die Förmchen verteilen. Die Eier in einer Schüssel würzen und leicht verschlagen. Die Mischung in die Förmchen füllen, mit Käse bestreuen und 25–30 Minuten backen, bis das Ei gerade fest ist.

Mit Buttertoast servieren.

Zubereitungszeit: ca. 45 Minuten
Pro Portion ca. 373 kcal/1562 kJ
29 g E · 1 g KH · 26 g F

Matsutake-Salat

Für 4 Personen
2 Knoblauchzwiebeln
3 El natives Olivenöl extra
1 El Balsamessig
4 große Matsutake-Pilze
2 El Olivenöl (zusätzlich)
40 g geröstete Pinienkerne
150 g glatte Petersilie, grob gehackt
40 g gehobelter Parmesan
1 Baguette

Den Backofen auf 200 °C vorheizen. Die Knoblauchzwiebeln in Alufolie einwickeln und 30 Minuten backen, bis die Zehen weich sind. Die Zwiebeln halbieren und die Zehen in eine kleine Schüssel drücken. Den Knoblauch mit einer Gabel zerdrücken, dann Olivenöl und Essig zugeben und mit weißem Pfeffer und einer Prise Salz abschmecken. Die Sauce mit 2 Esslöffeln heißem Wasser verdünnen, wenn sie zu dickflüssig ist.

In der Zwischenzeit die Pilze mit etwas Öl bestreichen und 20 Minuten backen, bis sie gerade weich sind. Halbieren und mit Pinienkernen und Petersilie in eine Schüssel geben, mit dem Knoblauchdressing vermischen und auf vier Teller verteilen. Mit Parmesan garnieren und auf dünnen getoasteten Baguettescheiben servieren.

Zubereitungszeit: ca. 30 Minuten
(plus Backzeit)
Pro Portion ca. 174 kcal/730 kJ
7 g E · 2 g KH · 15 g F

Frisch und schnell

- Schneiden Sie Matsutake, Wiesenchampignons und Austernpilze dünn auf und braten Sie sie mit etwas Butter, Knoblauch und Prosciutto an. Geben Sie sie zusammen mit frischem Oregano und Parmesanspänen über al dente gekochte Nudeln.
- Geben Sie dick aufgeschnittene Wiesenchampignons zu Rindereintopf, um ihm einen volleren Geschmack zu verleihen.
- Bereiten Sie eine mit Dill gewürzte Zitronenmayonnaise zu und servieren Sie sie mit gebratenem Lachs und neuen Kartoffeln.
- Man kann die überbackenen Eier mit weiteren Zutaten verfeinern. Ersetzen Sie den Prosciutto durch Kapern und reichlich Petersilie und garnieren Sie die Eier mit einer Scheibe Räucherlachs. Sie können auch fein gehackten Frühstücksspeck, eine Frühlingszwiebel und Basilikum hinzugeben und dazu gebackene Tomaten reichen.

Rote Zwiebel-Quiche

Für 8 Personen
1 ½ Rollen Blätterteig
1 ½ El Butter
1 große Prise Safranfäden
1 kg rote Zwiebeln, in dünne Streifen geschnitten
125 ml Weißwein
1 gehäufter Tl Meersalz
1 Tl zerstoßener schwarzer Pfeffer
4 Eigelb
250 ml Sahne
50 g geriebener Parmesan

Den Backofen auf 180 °C vorheizen. Eine gefettete 25 cm-Quicheform mit dem Teig ausschlagen und kalt stellen.

Die Butter mit Safran in einer großen Pfanne bei mittlerer Hitze zerlassen. Die Zwiebeln unter häufigem Rühren glasig andünsten. Den Weißwein angießen, abdecken und 40 Minuten bei schwacher Hitze köcheln lassen, bis die Zwiebeln leicht karamellisiert sind.

Den Teigboden mehrfach mit einer Gabel einstechen und 15 Minuten blindbacken. Die Backgewichte entfernen und den Teig weitere 5–10 Minuten goldgelb backen. Die Zwiebeln salzen, pfeffern und in die Form geben. Eigelbe und Sahne verschlagen und über die Zwiebeln geben. Mit Parmesan bestreuen und 30 Minuten backen, bis die Füllung fest und goldbraun ist.

Zubereitungszeit: ca. 1 Stunde 30 Minuten
Pro Portion ca. 545 kcal/2283 kJ
10 g E · 30 g KH · 39 g F

Gebackener Kürbis mit Tahini

Für 4 Personen als Beilage
900 g glattschaliger Kürbis
1 El Pflanzenöl
3 El Tahinipaste
125 ml Naturjoghurt
1 Tl gemahlener gerösteter Kreuzkümmel
½ Tl fein gehackter Knoblauch
1 El Zitronensaft
120 g Rucola
20 g glatte Petersilie
1 El schwarze Sesamkörner

Den Backofen auf 180 °C vorheizen. Den Kürbis schälen und in große Stücke schneiden. In Öl wenden, mit Meersalz und frisch gemahlenem schwarzem Pfeffer abschmecken und in eine Auflaufform geben. 30 Minuten backen, bis der Kürbis gar ist, dann abkühlen lassen.

Für das Dressing Tahinipaste, Joghurt, Kümmel, Knoblauch und Zitronensaft zu einer glatten Paste verrühren und abschmecken.

Rucola und Petersilienblätter mischen und auf einem Servierteller auslegen. Den Kürbis darauf anrichten, das Dressing darüber geben und mit Sesamkörnern bestreuen.

Zubereitungszeit: ca. 55 Minuten
Pro Portion ca. 141 kcal/590 kJ
5 g E · 13 g KH · 7 g F

Rote Bete-Salat mit Ziegenkäse

Für 4–6 Personen
4 große Rote Bete
400 g glattschaliger Kürbis, in mundgerechte Stücke geschnitten
3 El Olivenöl
75 g Haselnüsse
1 El Balsamessig, 1 Tl braune Senfkörner
240 g Rucola, 200 g Ziegenkäse

Den Backofen auf 180 °C vorheizen. Die ungeschälte Rote Bete mit 250 ml Wasser in einen Bräter geben, mit Alufolie abdecken und 1 Stunde backen, bis die Rote Bete weich ist. Aus dem Ofen nehmen und abkühlen lassen.

Den Kürbis in 2 Esslöffeln Olivenöl wenden, kräftig abschmecken und 15 Minuten backen, bis er hellbraun und gar ist. Die Haselnüsse 5 Minuten im Ofen rösten und abkühlen lassen, dann die Schale abreiben.

Die Rote Bete schälen – die Schale sollte sich leicht lösen. Man sollte beim Abreiben Gummihandschuhe tragen. Die Rote Bete längs in Achtel schneiden.

Essig, das restliche Olivenöl und die Senfkörner mischen. Rote Bete, Kürbis, Haselnüsse und Rucola in einer Schüssel mit dem Dressing vermischen und kräftig abschmecken. In einer großen Salatschüssel mit zerkrümeltem Ziegenkäse servieren.

Zubereitungszeit: ca. 1 Stunde
Pro Portion ca. 332 kcal/1391 kJ
14 g E · 12 g KH · 25 g F

Calamari-Salat mit Paprika und Curry-Vinaigrette

Für 4 Personen
2 rote Paprika
10 große Basilikumblätter, grob gezupft
1 El Zitronensaft
1 Tl brauner Zucker
1 Tl Currypulver
5 El natives Olivenöl extra
500 g kleine Kalamare, geputzt
100 g junger Blattspinat

Die Paprika bei 200 °C im Backofen rösten, bis die Schale Blasen wirft, dann in einem Gefrierbeutel abkühlen lassen. Anschließend die Schale abziehen, die Kerne entfernen und das Fruchtfleisch in dünne Streifen schneiden. Mit den Basilikumblättern in eine große Schüssel geben. Zitronensaft, Zucker, Currypulver und 4 Esslöffel Olivenöl verschlagen, über die Paprika geben und abschmecken.

Eine große Pfanne stark erhitzen und die Kalamare im restlichen Olivenöl 2 Minuten von jeder Seite braten. In dicke Ringe schneiden und zur Paprika geben. Die Spinatblätter mit dem Salat vermischen und abschmecken.

Zubereitungszeit: ca. 55 Minuten
Pro Portion ca. 240 kcal/1004 kJ
21 g E · 4 g KH · 14 g F

Linguine mit Tapenade

Birnen-Walnuss-Salat

Für 4 Personen als Vorspeise
100 g Walnusshälften
½ Knoblauchzehe
1 Tl Meersalz
Fein abgeriebene Schale und Saft von 1 Orange
125 ml Olivenöl
240 g Rucola
2 Butterbirnen
140 g Ziegenfrischkäse

Walnüsse, Knoblauch, Salz, Orangenschale und Olivenöl im Mixer verschlagen. Die Rucolablätter mit dem Orangensaft vermischen und auf vier Teller verteilen.

Die Birnen entkernen, in dünne Scheiben schneiden und auf dem Rucola anrichten. Den Frischkäse darauf setzen und den Salat mit etwas Walnussdressing beträufeln.

Zubereitungszeit: ca. 25 Minuten
Pro Portion ca. 609 kcal/2550 kJ
14 g E · 12 g KH · 55 g F

Linguine mit Tapenade

Für 4 Personen
30 g grob gehackte glatte Petersilie
45 g entkernte und gehackte schwarze Oliven
Fein abgeriebene Schale von 1 Zitrone
4–6 Sardellen, fein gehackt
1 El gesalzene Kapern, abgespült
70 g gehobelter Parmesan
60 ml natives Olivenöl extra
400 g Linguine

Für die Tapenade Petersilie, Oliven, Zitronenschale, Sardellen, Kapern, Parmesan und Olivenöl in einer großen Schüssel verrühren.

Die Nudeln in kochendem Wasser al dente kochen, abgießen und wieder in den warmen Topf geben. Mit der Tapenade vermischen und auf vier vorgewärmte Nudelteller verteilen.

Zubereitungszeit: ca. 40 Minuten
Pro Portion ca. 540 kcal/2260 kJ
21 g E · 71 g KH · 17 g F

Wiesenchampignons auf Blätterteig

Für 4 Personen
4 Wiesenchampignons
2 El Olivenöl
1 Knoblauchzehe, zerdrückt
1 Rolle Blätterteig
120 g Rucola
70 g gehobelter Parmesan
1 El Balsamessig

Den Backofen auf 180 °C vorheizen. Die Stiele der Champignons entfernen und die Köpfe in einer großen Schüssel in Olivenöl, Knoblauch, etwas Meersalz und frisch gemahlenem schwarzem Pfeffer wenden.

Den Teig in vier Quadrate schneiden und auf einem Backblech auslegen. Die Kanten jedes Quadrats zu einem Rand aufrollen und jeweils einen Champignon in die Mitte setzen. 20 Minuten backen, bis der Teig aufgegangen und goldgelb ist.

Die Rucolablätter in mundgerechte Stücke zupfen, mit Parmesan und Essig vermischen und abschmecken. Die Champignons mit den Blättern garnieren und warm servieren.

Zubereitungszeit: ca. 45 Minuten
Pro Portion ca. 654 kcal/2740 kJ
14 g E · 46 g KH · 43 g F

Frisch und schnell

- Schneiden Sie einige Birnen dünn auf, vermischen Sie die Scheiben mit Rucola und Parmesan und machen Sie den Salat mit einer Balsamico-Vinaigrette an.
- Pürieren Sie Walnüsse, Knoblauch und Petersilie zu einer dicken Paste, füllen Sie damit ein Rinderfilet oder geben Sie etwas Olivenöl zur Paste und reichen Sie sie zu gebratenen Lammfilets.
- Die Tapenade für die Linguine eignet sich auch als Beilage für ein gegrilltes Steak.
- Geben Sie 8 Wiesenchampignons mit etwas fein gehacktem Knoblauch und frischem Thymian in eine Auflaufform. Backen Sie die Pilze 30 Minuten und geben Sie dann Gemüsebrühe und einen Schuss Sahne hinzu. Servieren Sie die mit Salz und Pfeffer abgeschmeckte Suppe mit frischer Petersilie und Buttertoast.

Gebackene Champignons in Weinblättern

Hüttenkäse mit Granatapfel und Radicchio

Für 4 Personen
2 El Pflanzenöl
1 El braune Senfkörner
1 Tl gemahlener gerösteter Kreuzkümmel
1 rote Paprika, in dünne Streifen geschnitten
1 gelbe Paprika, in dünne Streifen geschnitten
1 Tl Zucker
1 kleiner Radicchio, gewaschen
200 g Hüttenkäse oder Ziegenfrischkäse
1 Granatapfel, Kerne ausgelöst und Saft aufgefangen

Das Öl in einer großen Pfanne stark erhitzen und Senf und Kümmel hineingeben. Sobald die Körner platzen, Paprika und Zucker hineingeben und rühren, bis die Paprika zusammenfällt. Vom Herd nehmen.

Die Radicchioblätter als Bett auf einem Teller auslegen und die Paprika darauf anrichten. Einen Klecks Käse und die Granatapfelkerne darauf setzen und mit Fruchtsaft beträufeln.

Zubereitunszeit: ca. 45 Minuten
Pro Portion ca. 145 kcal/605 kJ
8 g E · 13 g KH · 6 g F

Gebackene Champignons in Weinblättern

Für 4 Personen
24 Weinblätter in Lake
4 große Wiesenchampignons ohne Stiel
12 Cocktailtomaten
2 rote Zwiebeln, geachtelt
4 Thymianzweige
4 El natives Olivenöl extra
Ziegenkäse
Frische Pesto (siehe Grundrezepte)

Den Backofen auf 180 °C vorheizen. Die Weinblätter waschen und in einem Sieb abtropfen. Vier Blätter Backpapier mit ca. 20 cm Kantenlänge auslegen. Jeweils drei Weinblätter überlappend n die Mitte legen und jeweils einen Champignon kopfüber darauf setzen.

Tomaten, Zwiebeln und Thymian auf die vier Köpfe verteilen. Mit etwas Olivenöl beträufeln und mit drei weiteren Weinblättern bedecken. Die Blattränder unterstecken, so dass Pakete entstehen. Die Ecken jedes Papierquadrats zusammennehmen und verdrehen, um das Gemüse einzuschließen. Die Pakete 1 ½ Stunden auf einem Backblech backen.

Das Papier und die Deckblätter entfernen, so dass die Champignons auf einem Bett aus Weinblättern liegen. Mit Oliven, ofenfrischem Brot und etwas Ziegenkäse und Pesto servieren.

Zubereitungszeit: 45 Minuten
(plus Backzeit)
Pro Portion ca. 134 kcal/563 kJ
4 g E · 4 g KH · 10 g F

Wildpilz-Spaghetti

Für 4 Personen
10 g getrocknete Steinpilze
3 El Olivenöl
2 Knoblauchzehen, gehackt
1 Zwiebel, gehackt
2 Wiesenchampignons, in dünne Scheiben geschnitten
100 g frische Shiitake-Pilze, in Scheiben geschnitten
½ Tl Thymianblätter
6 El Weißwein
100 g Enoki-Pilze oder Pfifferlinge
400 g Spaghetti
75 g fein geriebener Parmesan

Wasser für die Nudeln zum Kochen bringen. Die Trockenpilze 15 Minuten in 250 ml kochend heißem Wasser einweichen.

Das Olivenöl erhitzen und Knoblauch und Zwiebel bei mittlerer Hitze goldgelb andünsten. Die Pilze abtropfen und die Flüssigkeit auffangen. Die Pilze grob klein schneiden und mit Champignons, Shiitake-Pilzen und Thymian zur Zwiebel geben. Dünsten, bis die Pilze weich sind, dann Weißwein, Pilzflüssigkeit und Enokis hinzugeben. Abschmecken und die Temperatur reduzieren.

Die Nudeln al dente kochen, abgießen und wieder in den warmen Topf geben. Mit Parmesan vermengen und auf vier tiefe Teller verteilen. Die Wildpilz-Sauce darüber geben.

Zubereitungszeit: ca. 55 Minuten
Pro Portion ca. 507 kcal/2162 kJ
21 g E · 71 g KH · 13 g F

Warmer Rindfleischsalat

Für 4 Personen
4 Eiertomaten, längs geviertelt
125 ml Pflanzenöl
1 große Aubergine, in dünne Scheiben geschnitten
450 g Rinderfilet am Stück
240 g Rucola
4 El frisches Pesto (siehe Grundrezepte)

Den Backofen auf 180 °C vorheizen. Die Tomaten in einer Auflaufform mit Salz, Pfeffer und etwas Zucker würzen, dann 20 Minuten backen.

Das Öl in einer Pfanne stark erhitzen und die Auberginenscheiben von beiden Seiten leicht anbräunen. Aus der Pfanne heben und auf Küchenpapier abtropfen. Den größten Teil des Öls abgießen und die Pfanne wieder auf den Herd stellen.

Das Filet rundum scharf anbraten, dann auf Backpapier legen und 10 Minuten im Ofen garen (wenn es nicht mehr blutig sein soll, 5 Minuten länger garen). Das Fleisch salzen, mit Alufolie abdecken und einige Minuten ruhen lassen.

Tomaten und Auberginen auf einem Rucolabett anrichten. Das Fleisch dünn aufschneiden, auf dem Salat anrichten und gut würzen. Zum Schluss einen Löffel Pesto darüber geben.

Zubereitungszeit: ca. 45 Minuten
(plus Backzeit)
Pro Portion ca. 512 kcal/2146 kJ
30 g E · 3 g KH · 41 g F

Rote Bete-Salat

Für 4 Personen als Beilage
4 große Rote Beten
2 Gemüsegurken, in Streifen geschnitten
½ rote Zwiebel, klein gewürfelt
2 El fein gehackter Dill
125 ml saure Sahne, 2 El geriebener frischer Meerrettich
1 El Zitronensaft
400 g Brunnenkressezweige

Den Backofen auf 180 °C vorheizen. Die ungeschälte Rote Bete mit 250 ml Wasser in einen Bräter geben. Mit Alufolie abdecken und 1 Stunde backen, bis sie zart sind. Aus dem Bräter heben und abkühlen lassen.

Die Gurken in einer kleinen Schüssel mit Zwiebel und Dill vermischen. Die saure Sahne in einer zweiten Schüssel mit Meerrettich und Zitronensaft verrühren und abschmecken. Die Rote Bete schälen – die Schale sollte einfach abfallen. Dabei Gummihandschuhe tragen. Das Fruchtfleisch in dünne Scheiben schneiden.

Die Rote Bete auf einem Servierteller anrichten. Den Gurkensalat mit der Brunnenkresse darauf geben, mit dem Meerrettich-Dressing beträufeln, abschmecken und servieren.

Zubereitungszeit: ca. 40 Minuten
(plus Backzeit)
Pro Portion ca. 105 kcal/438 kJ
6 g E · 10 g KH · 4 g F

Paprika-Oliven-Salat

Für 6 Personen als Beilage
2 rote Paprika
2 grüne Paprika
2 gelbe Paprika
2 Knoblauchzehen, fein gehackt
75 g Petersilie, grob gehackt
10 große Basilikumblätter, grob gehackt
12 grüne Oliven, entkernt und in Scheiben geschnitten
3 El Olivenöl
1 El Balsamessig

Die Paprika bei 200 °C im Backofen rösten, bis die Schale Blasen wirft, dann in einem Gefrierbeutel oder einer mit Folie abgedeckten Schüssel abkühlen lassen. Die Paprika entkernen und häuten, in dünne Streifen schneiden und in einer Schüssel mit Knoblauch, Petersilie, Basilikum, Oliven, Olivenöl und Essig vermischen und abschmecken.

Zubereitungszeit: ca. 45 Minuten
Pro Portion ca. 92 kcal/385 kJ
2 g E · 3 g KH · 7 g F

Warmer Lauchsalat

Kokos-Bohnen-Salat

Für 4 Personen als Beilage
400 g grüne Bohnen
2 grüne Chilischoten, fein gehackt
1 Tl frisch geriebener Ingwer
80 ml Naturjoghurt
Saft von 1 Limette
1 Tl Meersalz
Fruchtfleisch von ¼ Kokosnuss
2 El Pflanzenöl
1 El braune Senfkörner
30 Curryblätter

Einen Topf mit Wasser zum Kochen bringen und die Bohnen 2–3 Minuten blanchieren, bis sie leuchtend grün sind. Abtropfen und unter fließendem kaltem Wasser abschrecken.

Chillies, Ingwer, Joghurt, Limettensaft, Salz und Kokosnuss in einer Schüssel mischen.

Das Öl in einer Pfanne bei mittlerer Hitze erhitzen und Senfkörner und Curryblätter andünsten, bis die Körner zu platzen beginnen. Vom Herd nehmen, Körner und Blätter mit den Bohnen zur Kokosmischung geben und durchheben.

Zubereitungszeit: ca. 45 Minuten
Pro Portion ca. 139 kcal/583 kJ
3 g E · 7 g KH · 10 g F

Weiße Bohnen-Salat

Für 4 Personen als Beilage
2 El Olivenöl
2 Knoblauchzehen, zerdrückt
1 rote Zwiebel, in Spalten geschnitten
50 g Thymianzweige
60 ml Weißwein
400 g weiße Bohnen aus der Dose
150 g Cocktailtomaten, halbiert
30 g grob gehackte glatte Petersilie
1 El Balsamessig
Kräuterzweige zum Garnieren

Das Öl in einer Pfanne bei mittlerer Hitze erhitzen und den Knoblauch hell goldgelb anbraten, dann Zwiebel und Thymian hinzugeben. Dünsten, bis die Zwiebel glasig ist, dann mit Weißwein ablöschen. Den Weißwein unter Köcheln fast vollständig verkochen lassen, dann die Bohnen hinzugeben. Durchrühren und vom Herd nehmen.

Die Bohnen in einer Schüssel mit Tomaten, Petersilie und Essig vermischen und abschmecken. Nach Wunsch noch etwas Olivenöl hinzufügen und mit Kräuterzweigen garnieren.

Zubereitungszeit: ca. 40 Minuten
Pro Portion ca. 268 kcal/1121 kJ
15 g E · 33 g KH · 6 g F

Warmer Lauchsalat

Für 4 Personen als Vorspeise
1 großzügige Prise Safran
3 El Butter
125 ml Weißwein
24 Baby-Lauchstangen
4 Scheiben Prosciutto
1 El Olivenöl
12 Salbeiblätter
16 schwarze Oliven
70 g cremiger Blauschimmelkäse
1 El kleine Kapern

Den Backofen auf 180 °C vorheizen. Einen Bräter auf dem Herd stark erhitzen, den Safran erhitzen, dann die Butter hinzufügen. Sobald die Butter zerlassen ist, Wein und Lauch hinzugeben. Den Bräter vom Herd nehmen, mit Alufolie abdecken und 40 Minuten backen.

In der Zwischenzeit den Prosciutto in der heißen Pfanne knusprig goldbraun braten und auf Küchenpapier abtropfen lassen. Das Olivenöl in die Pfanne geben und die Salbeiblätter anrösten, dann auf Küchenpapier abtropfen lassen. Die Oliven im heißen Öl wenden und in der Pfanne vom Herd nehmen.

Den gebackenen Lauch auf vier vorgewärmte Teller verteilen, Prosciutto, Käse, Kapern, Salbei und Oliven darauf anrichten und mit den Bratsäften aus Bräter und Pfanne beträufeln.

Zubereitungszeit: 30 Minuten
(plus Backzeit)
Pro Portion ca. 267 kcal/1118 kJ
13 g E · 13 g KH · 16 g F

Frisch und schnell

- Am einfachsten öffnet man eine Kokosnuss, indem man sie 5–10 Minuten in den heißen Ofen gibt, bis die Schale aufplatzt.
- Hobeln Sie frisches Kokosfleisch mit einem Sparschäler in einen Salat aus Zuckerschoten, Frühlingszwiebeln und Paprika. Beträufeln Sie ihn mit einem süßen Mirin-Ingwer-Dressing und reichen Sie ihn zu gegrilltem Hühnchen.
- Mit dem Joghurtdressing für den Kokos-Bohnen-Salat können Sie auch Hühnerbrüste marinieren. Backen Sie sie anschließend und reichen Sie dazu eingelegte Mango.
- Der Safranlauch ist eine schöne Beilage zu gegrilltem Hühnchen oder Fisch. Schneiden Sie den Lauch in kleinere Stücke und geben Sie einen Spritzer Zitronensaft oder Petersilie und Oregano hinzu.

Weiße Bohnen-Salat

Pikante Kartoffeln

Für 4 Personen als Beilage
4 El Olivenöl
500 g Kartoffeln, geschält und gewürfelt
2 große rote Chilischoten, entkernt und fein gehackt
3 Knoblauchzehen, zerdrückt
1 Tl gemahlener Kreuzkümmel
½ Tl Korianderpulver
½ Tl Paprikapulver
Limettenspalten
2 El Limettensaft
20 g frische Korianderblätter

Das Olivenöl in einer schweren Pfanne bei mittlerer Hitze erhitzen. Die Kartoffeln im Öl wenden. Chillies, Knoblauch, Gewürze und etwas Salz hinzugeben.

Die Kartoffeln unter vorsichtigem Rühren goldgelb und gar braten. Mit Limettenspalten auf einem Servierteller anrichten, mit Limettensaft beträufeln und mit Korianderblättern garnieren.

Zubereitungszeit: ca. 45 Minuten
Pro Portion ca. 190 kcal/795 kJ
3 g E · 20 g KH · 10 g F

Honigente mit Chinakohl

Für 4 Personen
4 Entenbrüste
1 Tl chinesisches Fünf-Gewürze-Pulver
1 Tl Salz
2 El Butter
500 g Chinakohl, in Streifen geschnitten
2 El Honig
Saft von 2 Orangen

Den Backofen auf 200 °C vorheizen. Die Haut der Entenbrüste kreuzförmig einschneiden und mit Fünf-Gewürze-Pulver und etwas Salz einreiben.

Die Butter in einer Pfanne bei mittlerer Hitze zerlassen und den Kohl einige Minuten andünsten, bis er weich und leicht glasig ist. Abschmecken und die Temperatur reduzieren.

Die Entenbrüste mit dem Honig beträufeln und 15 Minuten in den Ofen geben. Die gegarten Entenbrüste 1 Minute mit Alufolie abgedeckt ruhen lassen, dann dünn aufschneiden.

Die Ente auf dem Kohl anrichten und mit etwas Orangensaft beträufeln.

Zubereitungszeit: ca. 55 Minuten
Pro Portion ca. 275 kcal/1152 kJ
31 g E · 11 g KH · 12 g F

Warmer Fenchelsalat mit Salami

Für 4 Personen
340 g kleine Fenchelknollen
10 Thymianzweige
4 El natives Olivenöl extra
2 El Balsamessig
16 Scheiben würzige Salami
120 g Rucola
150 g zerkrümelter Feta

Den Backofen auf 180 °C vorheizen. Den Fenchel je nach Größe längs vierteln oder achteln und in einem Bräter mit Thymian und Olivenöl mischen. Abschmecken und mit Alufolie abgedeckt 30 Minuten backen.

Anschließend den gegarten Fenchel mit Essig beträufeln. Die Salamischeiben auf einem Backblech 2–3 Minuten unter dem heißen Backofengrill knusprig grillen. Den Rucola auf Teller verteilen und Fenchel, Salami und etwas Feta darauf anrichten.

Zubereitungszeit: 55 Minuten
Pro Portion ca. 439 kcal/1841 kJ
22 g E · 3 g KH · 37 g F

Paprika-Kartoffel-Eintopf mit Safran

Für 4 Personen als Beilage
2 El Butter
2 rote Zwiebeln, geschält und gewürfelt
2 Knoblauchzehen, zerdrückt
1 große Prise Safranfäden
400 g gehackte Tomaten aus der Dose
1 Tl Zucker
700 g mehlig kochende Kartoffeln
1 rote Paprika, in breite Streifen geschnitten
1 Tl Thymianblätter
15 g Korianderblätter
30 g Schnittlauch, fein gehackt

Butter, Zwiebeln, Knoblauch und Safran in einem großen Topf bei mittlerer Hitze erhitzen. Sobald die Zwiebeln glasig sind, Tomaten, Zucker und 500 ml Wasser hinzugeben. Abdecken und 10 Minuten köcheln lassen.

Kartoffeln, Paprika und Thymian hinzufügen, wieder abdecken und weitere 35 Minuten köcheln. Mit Meersalz und frisch gemahlenem schwarzem Pfeffer abschmecken und mit Koriander und Schnittlauch garniert servieren.

Zubereitungszeit: ca. 1 Stunde 15 Minuten
Pro Portion ca. 206 kcal/861 kJ
6 g E · 34 g · 5 g F

Karamellisierter Fenchel mit Apfel

Für 4 Personen als Beilage
1 El Butter
1 kleine Fenchelknolle, in dünne Streifen geschnitten
20 Salbeiblätter
2 grüne Äpfel, entkernt und in Spalten geschnitten
3 El Weißwein
1 Tl Zucker

Die Butter in einem großen Topf bei mittlerer Hitze zerlassen und den Fenchel goldgelb andünsten, den Salbei hinzugeben und 1 Minute dünsten. Mit Meersalz und weißem Pfeffer abschmecken und Äpfel, Wein und Zucker hinzugeben.

Abdecken und einige Minuten kochen, bis die Äpfel weich werden und karamellisieren. Nicht zu stark bräunen. Zu gegrillten Schweinekoteletts oder -filets servieren.

Zubereitungszeit: 35 Minuten
Pro Portion ca. 114 kcal/476 kJ
1 g E · 14 g KH · 5 g F

Fisch in pikanter Kruste

Für 4 Personen
2 El Korianderkörner
2 El Kreuzkümmelkörner
1 ½ Tl Meersalz
1 Knoblauchzehe
40 g glatte Petersilie
2 El natives Olivenöl extra
4 Weißfischfilets (à 200 g)
2 El Olivenöl (zusätzlich)
Kartoffelpüree

Den Backofen auf 180 °C vorheizen. Koriander und Kümmel 2 Minuten auf einem Backblech rösten, bis sie zu schwärzen beginnen. Kurz abkühlen lassen und mit dem Salz und reichlich schwarzem Pfeffer im Mörser oder der Gewürzmühle pulverisieren. Dann mit Knoblauch, Petersilie und nativem Olivenöl zu einer sämigen Paste verarbeiten. Den Fisch unter kaltem Wasser abwaschen und mit Küchenpapier trockentupfen. Die gesamte Oberseite jedes Filets dick mit der Paste bestreichen.

Das zusätzliche Öl in einer großen ofenfesten Pfanne stark erhitzen. Den Fisch mit der Kruste nach unten 1 Minute scharf anbraten, dann wenden und 1 weitere Minute braten. Die Pfanne 5 Minuten in den Ofen geben. Den Fisch auf einem Bett von Kartoffelpüree servieren.

Zubereitungszeit: ca. 55 Minuten
Pro Portion ca. 226 kcal/948 kJ
37 g E · 0 g KH · 7 g F

Szechuan-Aubergine

Für 4 Personen als Vorspeise
250 ml Pflanzenöl
2 kleine Auberginen, in Stücke geschnitten
2 große rote Chilischoten, entkernt und in dünne Streifen geschnitten
1 Tl geröstete Szechuan-Pfefferkörner, gemahlen
2 Knoblauchzehen, fein gehackt
1 ½ Tl fein geriebener frischer Ingwer
4 Frühlingszwiebeln, schräg in Scheiben geschnitten
60 ml helle Sojasauce
1 El Balsamessig
1 Tl Zucker

Das Öl in einem Wok oder einem Topf erhitzen und die Auberginen in mehreren Portionen goldbraun frittieren. Mit einem Schaumlöffel aus dem Wok heben und auf Küchenpapier abtropfen. Das Öl bis auf einen Esslöffel voll abgießen.

Das Öl wieder erhitzen und Chillies, Pfeffer, Knoblauch, Ingwer und Frühlingszwiebeln 30 Sekunden pfannenrühren, dann Aubergine, Sojasauce, Essig und Zucker hineingeben und 1 weitere Minute pfannenrühren. Auf einem Bett von Buchweizen- oder Somen-Nudeln servieren.

Zubereitungszeit: ca. 50 Minuten
Pro Portion ca. 115 kcal/482 kJ
2 g E · 3 g KH · 10 g F

Warmer Kastaniensalat mit Rosenkohl

Für 4 Personen
200 g frische Maronen
300 g Rosenkohl, geputzt und halbiert
4 El Butter
1 El Zitronensaft
2 El grob gehackte Petersilie

Den Backofen auf 200 °C vorheizen. Die Schalen der Kastanien kreuzförmig einschneiden und 15–20 Minuten rösten, bis die Schale aufplatzt. Die noch warmen Kastanien schälen und die innere Haut abreiben. In hartnäckigen Fällen kann man die Kastanien 2 Minuten kochen, um die Haut zu lösen. Nach Wunsch halbieren.

Den Rosenkohl 5 Minuten in kochendem Wasser garen. Dann die Butter in einer Pfanne bei starker Hitze zerlassen, bis sie eine goldbraune Farbe annimmt. Zitronensaft, Kastanien und Rosenkohl hineingeben und durchrühren. Abschmecken und ganz zum Schluss mit Petersilie bestreuen.

Zubereitungszeit: ca. 55 Minuten
Pro Portion ca. 196 kcal/823 kJ
5 g E · 22 g KH · 9 g F

Milchreis mit Vanille-Orangen

Vanille-Pannacotta mit Toffee-Äpfeln

Milchreis mit Vanille-Orangen

Für 6 Personen
110 g Rundkornreis
500 ml Milch
1 Vanilleschote, aufgeschnitten
4 Zitronenzesten
4 El Zucker
125 ml Sahne, geschlagen
Vanille-Orangen (siehe Grundrezepte)

Den Backofen auf 180 °C vorheizen. Den Reis in kaltem Wasser spülen und abtropfen lassen. Die Milch mit Vanilleschote, Zitronenschale und Zucker aufkochen, den Reis hineingeben und unter gelegentlichem Rühren 30 Minuten köcheln.

Den gekochten Reis leicht abkühlen lassen, dann die Schlagsahne unterziehen. Auf Dessertschalen verteilen und mit Vanille-Orangen dekorieren.

Zubereitungszeit: ca. 45 Minuten
Pro Portion ca. 207 kcal/870 kJ
4 g E · 25 g KH · 9 g F

Vanille-Pannacotta mit Toffee-Äpfeln

Für 8 Personen
875 ml Sahne
Fein abgeriebene Schale und Saft von 2 Zitronen
115 g feinster Zucker
2 Vanilleschoten, längs halbiert
3 Gelatineblätter
Toffee-Äpfel (siehe Grundrezepte)

250 ml Sahne schlagen und in den Kühlschrank stellen. Die restliche Sahne, Zitronenschale und -saft, Zucker und Vanille in einem Topf bei schwacher Hitze erhitzen, um den Zucker zu schmelzen. Nicht kochen lassen.

Den Topf vom Herd nehmen und das Vanillemark mit einer Messerspitze in die Sahnemischung schaben. Die Gelatine in einer Schale mit kaltem Wasser einweichen. Überschüssiges Wasser herausdrücken und die Gelatine in die warme Sahne rühren.

Die Vanillecreme leicht abkühlen lassen, dann die Schlagsahne unterziehen. Die Mischung in acht Teetassen oder Förmchen füllen, mit Frischhaltefolie abdecken und 3 Stunden oder über Nacht kalt stellen. Die Pannacotta kann in den Förmchen neben den Äpfeln serviert oder auf Teller gestürzt werden, nachdem man die Böden der Formen kurz in heißes Wasser getaucht hat. Mit warmen Toffee-Äpfeln servieren.

Zubereitungszeit: ca. 40 Minuten
(plus Kühlzeit)
Pro Portion ca. 394 kcal/1653 kJ
3 g E · 18 g KH · 34 g F

Jaffa-Mousse

Für 4–6 Personen
140 g Zartbitterschokolade
4 El Grand Marnier
4 Eigelb
4 El Kakaopulver
2 Tl fein abgeriebene Orangenschale
185 ml Sahne, geschlagen
4 Orangen

Die Schokolade mit 2 Esslöffeln Grand Marnier in einem Rührkessel über einem Topf mit kochendem Wasser schmelzen. Nacheinander die Eigelbe hinzufügen und jeweils gründlich verrühren. Die Schokolade kann erst etwas zäh werden, wird dann aber wieder flüssig. Wenn die Eigelbe verarbeitet sind, die Mischung leicht abkühlen lassen.

Kakao und Orangenschale mit der Schlagsahne verrühren, dann die Sahne unter die Schokolade ziehen. Die Mischung in eine Schüssel füllen und mehrere Stunden im Kühlschrank kalt stellen.

Die Orangen mit einem scharfen Messer schälen und in Scheiben schneiden. Die Scheiben in einer Schüssel mit dem restlichen Grand Marnier beträufeln. Die Orangen auf vier bis sechs Dessertteller verteilen und einen großen Löffel Mousse darauf anrichten.

Zubereitungszeit: ca. 45 Minuten
(plus Kühlzeit)
Pro Portion ca. 478 kcal/2003 kJ
10 g E · 30 g KH · 31 g F

Frisch und schnell

- Backen Sie dünne Quittenscheiben bei schwacher Hitze mit Zucker, Orangensaft und etwas frisch geriebenem Ingwer. Servieren Sie sie auf Chocolate Brownies mit einem Schlag Sahne.
- Der volle Geschmack von Quitten passt hervorragend zu Frischkäse wie z. B. Ricotta. Reichen Sie als nicht zu süßes Dessert dünne Quittenscheiben oder Quittenmus mit Ricotta und Kräckern.
- Filetieren Sie für einen winterlichen Obstsalat 4–6 Orangen. Drücken Sie den Saft aus dem verbleibenden Fruchtfleisch und geben Sie dünn geschnittene Banane und ebenfalls dünn geschnittenen roten Apfel, den Saft von 1 Zitrone und braunen Zucker nach Geschmack hinzu. Servieren Sie dazu Vanilleeis oder einen cremigen Joghurt.

Jaffa-Mousse

Die Butterbirne eignet sich nicht nur hervorragend zum Kochen, sondern auch für pfeffrige Salate.

Gebackene Feigen mit Pistazien

Birnen-Ingwer-Kuchen

Für 8 Personen
2 El Butter
55 g gemahlene Mandeln
3 Eier
125 ml Milch
400 g feinster Zucker
1 El geriebener frischer Ingwer
250 g Mehl
2 Tl Backpulver
3–5 Butterbirnen, entkernt und längs in Scheiben geschnitten
Puderzucker

Den Backofen auf 180 °C vorheizen. Eine 20 cm-Springform mit 1 Esslöffel Butter einfetten und mit der Hälfte der Mandeln ausschwenken.

Eier, Milch, Zucker, Ingwer, Mehl und Backpulver in der Rührmaschine oder einer großen Schüssel zu einem dickflüssigen Teig verarbeiten. Die Birnen unterheben und die Mischung in die Form geben. Den Teig mit den übrigen Mandeln bestreuen und die restliche Butter in Flocken darauf setzen.

Ca. 1 ½ Stunden backen, aus dem Ofen nehmen und abkühlen lassen. Mit Puderzucker bestäuben und mit Schlagsahne servieren.

Zubereitungszeit: ca. 35 Minuten
(plus Backzeit)
Pro Portion ca. 453 kcal/1998 kJ
9 g E · 81 g KH · 10 g F

Gebackene Feigen mit Pistazien

Für 4 Personen
4 große Feigen
4 Tl brauner Zucker
Fein abgeriebene Schale und Saft von 1 Orange
1 El Butter
50 g geschälte ungesalzene Pistazien
½ Tl Zimtpulver
1 El Honig
250 g Mascarpone

Den Backofen auf 180 °C vorheizen. Die Feigen von oben nach unten vierteln, aber nicht ganz durchschneiden. In eine Auflaufform setzen und je einen gehäuften Teelöffel braunen Zucker und etwas Orangenschale in die Mitte jeder Feige geben. Die Butter auf die Feigen verteilen. Pistazien und Orangensaft in die Form geben und mit etwas Zimt bestreuen. 10 Minuten backen.

In der Zwischenzeit den Honig mit der Mascarpone glatt rühren.

Die Feigen vorsichtig aus der Form heben und jeweils einen Löffel Honigmascarpone in die Mitte geben. Saft und Pistazien darüber geben und warm servieren.

Zubereitungszeit: ca. 30 Minuten
Pro Portion ca. 454 kcal/1902 kJ
5 g E · 16 g KH · 40 g F

Gebackene Quitten mit Orangen und Kardamom-Mandelbrot

Gebackene Quitten mit Orangen und Kardamom-Mandelbrot

Für 4 Personen
2 große Quitten, geschält, entkernt und geviertelt
Saft von 2 Orangen
3 El Zucker
2 El Honig
Kardamom-Mandelbrot (siehe Grundrezepte)
Puderzucker
Naturjoghurt oder Schlagsahne

Den Backofen auf 180 °C vorheizen. Die Quitten auf ein mit Backpapier ausgelegtes Backblech legen. Orangensaft, Zucker und Honig darüber geben, mit einem zweiten Blatt Backpapier abdecken und 1 Stunde backen.

Die Temperatur auf 140 °C reduzieren und die Quitten 2 Stunden weiterbacken, bis sie weich und tief rubinrot sind.

Die Quitten mit gezuckertem Mandelbrot und Joghurt oder Schlagsahne servieren.

Zubereitungszeit: ca. 20 Minuten
(plus Backzeit)
Pro Portion ca. 132 kcal/553 kJ
1 g E · 34 g KH · 0 g F

Schoko-Beeren-Kuchen

Für 8 Personen
4 Tl Erdbeermarmelade
1 vorgebackener Schoko-Boden (siehe Grundrezepte)
160 g Butter
200 g Zartbitterschokolade
3 Eigelb
2 Eier
4 El feinster Zucker
2 El Grand Marnier
Kakaopulver
Frische Beeren

Den Backofen auf 180 °C vorheizen. Die Marmelade auf den vorgebackenen Boden geben und 2 Minuten backen. Aus dem Ofen nehmen und die Marmelade gleichmäßig mit einem Backpinsel auf dem Boden verstreichen.

Butter und Schokolade in einem Topf bei schwacher Hitze schmelzen. Eigelbe, Eier und Zucker luftig verschlagen und 1 Minute mit Schokoladenbutter und Grand Marnier verrühren.

Die Schokoladenfüllung in die Teigform geben und 5 Minuten backen. 2 Stunden ruhen lassen, dann mit Kakao bestäubt und mit reichlich frischen Beeren dekoriert servieren.

Zubereitungszeit: ca. 35 Minuten
(plus Ruhezeit)
Pro Portion ca. 424 kcal/1776 kJ
7 g E · 27 g KH · 30 g F

Feigen-Butter-Tarte

Für 8 Personen
6 Feigen
1 vorgebackener Mürbeteig-Boden (siehe Grundrezepte)
3 Eier
170 g feinster Zucker
3 El Mehl
185 g Butter

Den Backofen auf 180 °C vorheizen. Die Feigen vierteln und mit den Schnittseiten nach oben auf den Boden geben.

Eier und Zucker hell und luftig aufschlagen und das Mehl einrühren. Die Butter in einem Topf bei starker Hitze zerlassen. Wenn Sie aufschäumt und eine hellbraune Farbe annimmt, zur Füllung geben und 1 Minute verschlagen. Die Füllung über die Feigen geben und 25 Minuten goldbraun backen.

Die Tarte vor dem Servieren abkühlen lassen.

Zubereitungszeit: ca. 55 Minuten
Pro Portion ca. 339 kcal/1418 kJ
4 g E · 29 g KH · 22 g F

Frisch und schnell

- Bestäuben Sie dünn aufgeschnittene Orangen mit Zimt und servieren Sie sie mit Honig-Mascarpone und Waffelröllchen.
- Geben Sie geschälte und entkernte Apfelspalten in eine Auflaufform. Verreiben Sie 160 g Semmelbrösel mit genügend Butter, um sie leicht klebrig zu machen. Streuen Sie die Streusel über die Äpfel, beträufeln Sie alles mit Zuckersirup und backen Sie die Äpfel 30 Minuten, bis die Streusel goldbraun sind. Reichen Sie dazu Eiscreme.
- Marinieren Sie geviertelte Feigen in Grand Marnier oder einem anderen Likör und reichen Sie dazu Vanilleeis.
- Servieren Sie eine Auswahl von Feigen, Birnen und blauen Trauben zu cremigem Dolcelatte oder reifem Brie. Reichen Sie dazu dünnes Fladenbrot oder Kräcker und einen guten Dessertwein.

Feigen-Butter-Tarte

Winter

Der Winter ist die Zeit der großen Töpfe. Das bedeutet nicht, dass Sie Stunden in der Küche zubringen sollen, auch wenn es dort schön warm ist. Es ist vielmehr die Jahreszeit des „Slow Food", der Gerichte, die Sie in den Topf geben und für einige Stunden dem großartigen Zusammenspiel von Hitze und hochwertigen Zutaten überlassen können, ohne groß eingreifen zu müssen. Laden Sie Freunde ein und genießen Sie ein gemütliches Mahl aus zartem Fleisch oder herzhaftem Gemüse. In Verbindung mit einem cremigen Kartoffelpüree oder einem pikanten Kuskus finden Sie hier das kulinarische Äquivalent zu einer kuschelig warmen Decke. Dekorieren Sie den Tisch in dunklen, satten Farben, öffnen Sie eine Flasche Rotwein und genießen Sie das Beste, das der Winter zu bieten hat.

Kartoffeln

Rosenkohl

Rüben

Schalotten

Pastinaken

Meerrettich

Knoblauch

Kohl

Karotten

Brokkoli

Zwiebeln

Kastanien

Äpfel

Zitronen

Birnen

Grapefruit

Gute Tipps

Grünkohl

Kohl muss nicht langweilig schmecken. Machen Sie ihn mit Kräuteröl, herzhaft-süßem Ketjap, Limettensaft, zerstoßenen Chillies, Austernsauce, geröstetem Sesam, Butter und Senf oder gerösteten Pinienkernen an.

Knoblauch

Geben Sie mehrere ganze Knoblauchknollen mit etwas Olivenöl und Rosmarin in eine Auflaufform und backen Sie sie abgedeckt, bis sie weich sind. Pürieren Sie das Fruchtfleisch mit etwas Rosmarinöl und reichen Sie dazu Toastbrot, frische Petersilie oder gehobelten Parmesan.

Äpfel

Die einfachste Apfeltorte der Welt: Zerlassen Sie 100 g Butter mit 110 g Zucker. Geben Sie 1 Tl Zimt, 2 geriebene grüne Äpfel, 1 Tl Zitronensaft und 2 Eier hinzu. Verrühren Sie alles und backen Sie die Füllung in einem vorgebackenen Boden (siehe Grundrezepte) 30 Minuten goldbraun. Noch einfacher ist es, Blätterteigscheiben auf ein Backblech zu legen und mit einem dünn aufgeschnittenen Apfel, etwas Zucker und Butterflocken belegt goldgelb zu backen.

Gute Tipps

Maronen
Sie sind nahrhaft, fettarm und schmecken apart. Im Handel sind mehrere Sorten erhältlich. Am besten schmecken Maronen als Beilage zu Rot- und Rosenkohl und Wildgerichten. Auch als Füllung für Fleischgerichte und Süßspeisen sind sie mit ihrem mild-süßlichen Geschmack bestens geeignet.

Pastinaken
Eine saftig gebackene Pastinake ist etwas Wundervolles. Backen Sie Pastinaken zusammen mit anderem Gemüse im Ofen oder geben Sie sie beim Kochen zu Kartoffeln für ein würziges Püree.

Kartoffeln
Die verschiedenen Kartoffelsorten eignen sich für unterschiedliche Zwecke. Lassen Sie sich von Ihrem Gemüsehändler beraten oder experimentieren Sie einfach selber bei der Zubereitung von Salaten, Beilagen oder Pürees. Braten Sie zum Beispiel gewürfelten Frühstücksspeck in Butter knusprig und geben Sie dann klein geschnittene Pellkartoffeln, etwas Blattspinat, Petersilie und ein wenig Olivenöl hinzu. Lassen Sie den Spinat zusammenfallen, schmecken Sie das Gericht ab und verteilen Sie es auf vorgewärmte tiefe Teller.

Fettuccine mit Lauch und Zitrone

Tomaten-Käse-Tarteletts

Für 6 Tarteletts
8 Eiertomaten, geachtelt
250 ml Sahne
3 Eier
150 g geriebener Gruyère
150 g geriebener Parmesan
6 vorgebackene 8 cm-Tarteletts (siehe Grundrezepte)
2 El Oreganoblätter
18 Basilikumblätter, grob gezupft
1 El natives Olivenöl extra

Den Backofen auf 180 °C vorheizen. Die Tomaten auf einem Backblech mit Salz und Pfeffer bestreuen und 30 Minuten backen.

Sahne, Eier und Käse verschlagen und die Füllung in die Teigformen geben. 20 Minuten backen, bis die Füllung fest und goldbraun ist.

Die Tomaten in einer kleinen Schüssel mit Oregano, Basilikum und Olivenöl vermischen und auf den Tarteletts anrichten. Mit einem Blattsalat servieren.

Zubereitungszeit: ca. 25 Minuten
(plus Backzeit)
Pro Portion ca. 423 kcal/1774 kJ
22 g E · 4 g KH · 33 g F

Fettuccine mit Lauch und Zitrone

Für 4 Personen
3 El Olivenöl
3 Knoblauchzehen, zerdrückt
1 El frische Oreganoblätter
3 große Lauchstangen, in dünne Scheiben geschnitten
400 g Fettuccine
Fein abgeriebene Schale von 1 Zitrone
1 El kleine Kapern
70 g geriebener Parmesan
30 g grob gehackte glatte Petersilie
Geriebener Parmesan (zusätzlich)

Einen großen Topf mit Wasser zum Kochen bringen. Das Öl in einer Pfanne bei mittlerer Hitze erhitzen und Knoblauch, Oregano und Lauch andünsten, bis der Lauch weich und glasig ist, dann mit Meersalz und frisch gemahlenem schwarzem Pfeffer abschmecken.

Die Nudeln al dente kochen, abgießen und wieder in den warmen Topf geben. Mit Lauch, Zitronenschale, Kapern, Parmesan und Petersilie vermischen. Abschmecken und mit zusätzlichem Parmesan servieren.

Zubereitungszeit: ca. 55 Minuten
Pro Portion ca. 529 kcal/2216 kJ
22 g E · 76 g KH · 13 g F

Gebratener Schnapper mit Würzbutter

Für 4 Personen
4 El weiche Butter
1 Zwiebel, klein gewürfelt
1 El braune Senfkörner
1 Tl Cayennepfeffer
1 Tl Currypulver
7 g fein gehackte Korianderblätter
4 Schnapper-Filets (à 175 g)
1 El Pflanzenöl
Gedämpfte grüne Bohnen
Limettenspalten
Blattsalat

1 Esslöffel Butter in einer Pfanne bei mittlerer Hitze zerlassen und die Zwiebel hell goldgelb anbraten, dann Senfkörner, Cayennepfeffer und Currypulver hinzugeben und 2 weitere Minuten braten. Vom Herd nehmen und abkühlen lassen. Die restliche Butter mit der abgekühlten Mischung und dem Koriander verrühren.

Die Fischfilets unter kaltem Wasser abspülen und mit Küchenpapier trockentupfen. Das Öl in einer Pfanne stark erhitzen und die Filets mit der Hautseite nach unten einige Minuten leicht anbräunen. Wenden und je nach Dicke weitere 2–3 Minuten braten. Die Filets auf einem Bett von grünen Bohnen mit der Würzbutter, einigen Limettenspalten und einem Blattsalat servieren.

Zubereitungszeit: ca. 40 Minuten
Pro Portion ca. 257 kcal/1075 kJ
32 g E · 1 g KH · 12 g F

Frisch und schnell

- Braten Sie einige dünn aufgeschnittene Zwiebeln in Olivenöl an, bis sie leicht karamellisieren. Geben Sie frischen Oregano, Petersilie, klein gewürfelte Tomaten und 6 verschlagene Eier hinzu und streuen Sie geriebenen Gruyère darüber. Überbacken Sie die Frittata unter dem heißen Backofengrill und reichen Sie dazu Buttertoast.
- Zitrone passt immer zu Nudeln. Hacken Sie eine halbe rote Zwiebel und mischen Sie sie mit Olivenöl, Salz und Pfeffer, reichlich grob gehackter Petersilie, Oliven, einigen zerkleinerten Sardellen und Zitronenschale. Heben Sie warme Nudeln unter die Mischung und reichen Sie dazu reichlich geriebenen Parmesan.
- Gewürzte Butter verleiht einem Gericht ohne großen Aufwand einen besonderen Geschmack. Sie lässt sich im Voraus zubereiten und kann im Kühlschrank aufbewahrt werden. Probieren Sie Kombinationen wie Ingwer und Limette, Zitrone und Kapern oder gemischte Kräuter.

Gebratener Schnapper mit Würzbutter

Weiße Bohnensuppe mit grünen Kräutern

Für 4 Personen
2 El Olivenöl
2 Zwiebeln, klein gewürfelt
200 g Selleriestangen, in dünne Scheiben geschnitten
1 l Gemüse- oder Hühnerbrühe
400 g gekochte weiße Bohnen
45 g grob gehackte glatte Petersilie
10 Basilikumblätter, fein gehackt
125 ml saure Sahne
10 Minzeblätter, fein gehackt
Ofenfrisches Brot

Das Öl in einem großen Topf bei mittlerer Hitze erhitzen und Zwiebeln und Sellerie andünsten, bis die Zwiebeln glasig sind. Brühe und Bohnen hinzugeben und 30 Minuten köcheln lassen.

Unmittelbar vor dem Servieren Petersilie und Basilikum hinzufügen. Eine weitere Minute kochen, dann die Suppe auf vier tiefe Teller verteilen. Einen Schlag saure Sahne hineingeben, mit Minze garnieren und mit dick geschnittenem ofenfrischen Brot servieren.

Zubereitungszeit: ca. 55 Minuten
Pro Portion ca. 401 kcal/1679 kJ
24 g E · 51 g KH · 10 g F

Bratwurst mit warmem Linsen-Salat

Für 4 Personen
200 g Puy-Linsen
1 Tl Meersalz
1 El Balsamessig
4 El natives Olivenöl extra
1 El körniger Senf
8 Bratwürste
½ rote Zwiebel, in dünne Streifen geschnitten
50 g Croûtons (siehe Grundrezepte)
20 g Petersilie

Die Linsen mit 1 l Wasser und dem Salz in einem Topf zum Kochen bringen, die Temperatur reduzieren und 30 Minuten köcheln. Die gegarten Linsen abgießen und mit Essig, 2 Esslöffeln Olivenöl und dem Senf vermischen.

Die Würste in einer Pfanne oder unter dem Backofengrill braten.

Unmittelbar vor dem Servieren Zwiebel, Croûtons und Petersilie mit den Linsen vermischen, auf vier Teller verteilen und mit etwas Olivenöl beträufeln. Die Würste darauf anrichten und mit zusätzlichem Senf servieren.

Zubereitungszeit: ca. 55 Minuten
Pro Portion ca. 897 kcal/3758 kJ
51 g E · 26 g KH · 65 g F

Steak mit karamellisierten Rosmarin-Schalotten

Für 4 Personen
1 El Butter
200 g Perlzwiebeln oder Schalotten, halbiert
4 Rosmarinzweige
1 Tl Zucker
185 ml Rotwein
1 Tl Balsamessig
1 Tl Olivenöl
4 Filet-Steaks (à 200 g)

Die Butter in einem Topf bei mittlerer Hitze zerlassen und die Schalotten unter Rühren leicht andünsten, dann den Rosmarin hinzugeben und dünsten, bis die Schalotten leicht karamellisiert sind. Den Zucker hinzugeben und unter Schwenken auflösen, dann mit Wein und Essig ablöschen. Die Sauce unter Köcheln auf die Hälfte reduzieren.

Das Öl in einer gusseisernen Pfanne rauchheiß erhitzen und die Steaks von einer Seite scharf anbraten, bis auf der Oberseite Saft austritt. Wenden und 1 weitere Minute braten. Die Steaks abschmecken und einige Minuten in der Pfanne ruhen lassen. Mit Schalotten und Kartoffelpüree servieren.

Zubereitungszeit: ca. 45 Minuten
Pro Portion ca. 318 kcal/1334 kJ
43 g E · 4 g KH · 12 g F

Graupenrisotto mit Grünkohl

Für 4 Personen
2 El Butter
2 Knoblauchzehen, zerdrückt
1 El Thymianblätter
3 Zwiebeln, in dünne Streifen geschnitten
225 g Perlgraupen
Fein abgeriebene Schale von 1 Zitrone
1 l Hühnerbrühe
70 g geriebener Parmesan
1 El Olivenöl
900 g Grünkohl, grob gehackt
Geriebener Parmesan

Die Butter in einem großen Topf bei mittlerer Hitze zerlassen und Knoblauch und Thymian andünsten. Die Zwiebeln hinzugeben und glasig andünsten. Perlgraupen und Zitronenschale einrühren und einige Minuten unter Rühren erhitzen.

250 ml Brühe zugießen und unter Rühren köcheln, bis sie aufgenommen ist. Weiterhin Brühe in kleinen Mengen zugießen, bis die Graupen sie vollständig aufgenommen haben. Dann den Parmesan einrühren. In der Zwischenzeit das Öl in einem Wok stark erhitzen und den Kohl pfannenrühren, bis er gerade gar ist. Das Risotto auf vier tiefe Teller verteilen und den Kohl darauf anrichten. Mit zusätzlichem Parmesan servieren.

Zubereitungszeit: ca. 55 Minuten
Pro Portion ca. 418 kcal/1752 kJ
22 g E · 48 g KH · 14 g F

Weißer Hühnchensalat

Für 4 Personen
4 Frühlingszwiebeln, in Ringe geschnitten
1 Stängel Zitronengras, zerdrückt
80 g Koriander, 1 El Meersalz
2 Hühnerbrustfilets
400 g Duftreis
90 g Minze
1 große rote Chilischote, entkernt und fein gehackt
300 g fester Tofu, in 4 dicke Scheiben geschnitten
Sojasauce

Das Grün der Frühlingszwiebeln mit Zitronengras, Korianderwurzeln und -blättern in einem Topf mit Wasser bedecken, salzen und zum Kochen bringen. Das Hühnchen in die Brühe geben, abdecken und vom Herd nehmen. 40 Minuten abgedeckt ziehen lassen, dann aus der Brühe heben und quer zur Faser dünn aufschneiden.

Reis und 685 ml der abgeseihten Brühe aufkochen, abdecken und 25 Minuten köcheln lassen, bis die Brühe aufgenommen und der Reis gar ist. Die Hälfte der Minze fein hacken. Das Weiße der Frühlingszwiebeln, gehackte Minze, Korianderblätter, Chili und Huhn zum Reis geben. Vermischen, auf vier tiefe Teller verteilen und jeweils eine Tofuscheibe darauf anrichten. Den Tofu mit Sojasauce besprenkeln und mit Minzeblättern garnieren.

Zubereitungszeit: ca. 45 Minuten
(plus Zeit zum Ziehen)
Pro Portion ca. 523 kcal/2191 kJ
36 g E · 79 g KH · 5 g F

Tomatenbrühe mit Tofu

Für 4 Personen
1 l Dashi-Brühe (siehe Grundrezepte)
2 Tl Mirin
4 El weiße Miso-Paste
1 El geriebener frischer Ingwer
4 Eiertomaten
300 g fester Tofu
120 g junger Blattspinat
1 El Sojasauce

Brühe, Mirin, Miso-Paste und Ingwer in einem Topf zum Kochen bringen, dann die Temperatur reduzieren.

Die Tomaten halbieren, entkernen und würfeln. Zur Brühe geben und 10 Minuten köcheln lassen.

Den Tofu würfeln und auf vier tiefe Teller verteilen. Spinat und Sojasauce zur Brühe geben und 1 Minuten kochen, bis die Blätter zusammenfallen. Die Brühe über den Tofu geben und sofort servieren.

Zubereitungszeit: ca. 45 Minuten
Pro Portion ca. 78 kcal/327 kJ
8 g E · 3 g KH · 3 g F

Risotto mit Pancetta und Erbsen

Für 4 Personen
2 El Butter
1 Zwiebel, fein gehackt
8 Scheiben Pancetta (ital. Bauchspeck), gewürfelt
4 Salbeiblätter
220 g Arborioreis
1 l heiße Hühnerbrühe
150 g Erbsen (TK)
75 g geriebener Parmesan
15 g grob gehackte Petersilie
10 Minzeblätter, fein gehackt
Natives Olivenöl extra
Geriebener Parmesan (zusätzlich)

Die Butter in einem großen Topf bei mittlerer Hitze zerlassen und Zwiebel, Pancetta und Salbei andünsten, bis die Zwiebel glasig ist. Den Reis hinzugeben und unter Rühren 1 Minute erhitzen.

Etwa 250 ml Brühe zugießen und rühren, bis sie vollständig aufgenommen ist. Weitere Brühe zugießen. Sobald sie aufgenommen ist, Erbsen und weitere Brühe hinzugeben. Die Brühe vollständig verarbeiten.

Den Parmesan einrühren und kurz vor dem Servieren Petersilie und Minze hinzufügen. Mit Olivenöl beträufeln und mit zusätzlichem Parmesan servieren.

Zubereitungszeit: ca. 55 Minuten
Pro Portion ca. 469 kcal/1965 kJ
29 g E · 48 g KH · 17 g F

Frisch und schnell

- Der Reis für den Hühnchensalat kann auch in Gemüsebrühe mit etwas frischem Ingwer gekocht werden. Geben Sie die frischen Kräuter hinzu und servieren Sie dazu gebratenen Thunfisch und Sesamkörner.
- Wenn man wenig Zeit hat, kann man im asiatischen Lebensmittelhandel auch Instant-Miso in der Tüte kaufen. Kochen Sie eine Portion asiatische oder italienische Nudeln und geben Sie sie mit der Instant-Miso in einen tiefen Teller. Verfeinern Sie die Suppe zum Beispiel mit Frühlingszwiebeln, Tofu, eingelegtem Ingwer oder Spinatblättern.
- Kochen Sie frische Erbsen und pürieren Sie sie mit etwas Butter, geriebenem frischen Ingwer und ein wenig Zitronensaft. Schmecken Sie das Püree ab und servieren Sie es zu gebratenen Fischfilets.

Risotto mit Pancetta und Erbsen

Hühnchen mit Wintergemüse

Junge Karotten müssen nur gewaschen und geputzt werden. Geben Sie sie im Ganzen in Eintöpfe oder schwenken Sie sie kurz in heißer Butter.

Meeräsche mit Tomaten-Fenchel-Sauce

Hühnchen mit Wintergemüse

Für 2 Personen
30 g Mehl
2 Tl Meersalz
1 Tl gemahlener gerösteter Kreuzkümmel
2 Hühnerbeine
2 Hühnerschenkel
1 Karotte, geschält und in Stücke geschnitten
1 weiße Rübe, geschält und in Stücke geschnitten
1 Pastinake, geschält und in Stücke geschnitten
1 Zwiebel, in Streifen geschnitten
2 Selleriestangen, geputzt und in Scheiben geschnitten
1 Lauchstange, gewaschen und in Scheiben geschnitten
250 ml Hühnerbrühe oder Wasser
Grob gehackte glatte Petersilie

Den Backofen auf 180 °C vorheizen. Mehl und Gewürze in einer Schale mischen und die Hühnerteile darin wenden.

Die Hälfte der Gemüse in den Boden eines Bräters geben und die Hühnerteile darauf legen. Die übrigen Gemüse und die Brühe darauf geben, abdecken und 1 Stunde 20 Minuten backen. Aus dem Ofen nehmen und sofort mit frischer Petersilie bestreut servieren.

Zubereitungszeit: ca. 45 Minuten
(plus Backzeit)
Pro Portion ca. 341 kcal/1429 kJ
46 g E · 22 g KH · 6 g F

Meeräsche mit Tomaten-Fenchel-Sauce

Für 4 Personen
2 Tl Meersalz
2 Tl Fenchelsamen
20 Minzeblätter
1 El Olivenöl
4 reife Tomaten, fein gehackt
125 ml Weißwein
2 kleine Fenchelknollen, in dünne Streifen geschnitten
4 Meeräschen (à 175 g; oder 2 Fische à 350 g), ausgenommen und geschuppt
2 El natives Olivenöl extra

Den Backofen auf 180 °C vorheizen. Salz, Fenchelsamen und Minzeblätter im Mörser oder Mixer zerkleinern und mit dem Öl zu einer dünnflüssigen Paste verarbeiten.

Je die Hälfte der Tomaten und des Fenchels mit dem Wein in eine Auflaufform geben. Die Fische unter kaltem Wasser abwaschen und mit Küchenpapier trockentupfen, dann mit der Fenchelpaste einreiben und auf die Tomaten legen. Etwas von dem verbleibenden Fenchel in die Fischbäuche geben und den Rest zusammen mit den übrigen Tomaten darüber streichen. Abdecken und 25 Minuten backen. Die Fische vorsichtig aus der Form heben und auf vorgewärmte Teller legen. Die Sauce darüber geben, mit Pfeffer bestreuen und mit etwas nativem Olivenöl beträufeln.

Zubereitungszeit: ca. 55 Minuten
Pro Portion ca. 334 kcal/1400 kJ
37 g E · 3 g KH · 15 g F

Pappardelle mit Basilikum, Feta und gerösteter Paprika

Für 4 Personen
4 rote Paprika
3 El natives Olivenöl extra
1 Tl Balsamessig
120 g Basilikum
400 g Pappardelle
150 g Feta

Den Backofen auf 200 °C vorheizen. Die Paprika mit etwas Öl einreiben, längs halbieren und mit der Schale nach oben auf ein Backblech legen. 20 Minuten rösten, bis die Schale schwärzt und Blasen wirft. In einem Gefrierbeutel abkühlen lassen, dann abziehen und entkernen. Das Fruchtfleisch mit Essig und 10 Basilikumblättern in einen Mixer geben, abschmecken und pürieren. Mit dem Saft vom Backblech und etwas Öl zu einer Sauce rühren und in einem großen Topf bei schwacher Hitze warm stellen.

Die Pappardelle al dente kochen, abgießen und in die Sauce geben. Die Hälfte des Feta darüber krümeln und alles vermischen. Mit Basilikum und dem restlichen Feta garniert servieren.

Zubereitungszeit: ca. 45 Minuten
Pro Portion ca. 536 kcal/2243 kJ
21 g E · 73 g KH · 17 g F

Gebackenes Hühnchen mit Mandelsauce

Für 4 Personen
2 ganze Hühnerkeulen
2 El Olivenöl
8 Zitronenthymianzweige
625 ml Hühnerbrühe
100 g gemahlene Mandeln
1 Knoblauchzehe, zerdrückt
2 El fein gehackte Petersilie
½ Tl Zucker
Saft von 1 Zitrone, 1 Prise Safran
Blattsalat

Den Backofen auf 200 °C vorheizen. Die Hühnerkeulen mit Meersalz einreiben und auf ein Backblech legen. Mit Olivenöl beträufeln, mit Thymian bedecken und 40 Minuten backen, bis sie gar sind. Aus dem Ofen nehmen und vor dem Servieren eine Minute ruhen lassen.

Brühe und Mandeln für die Sauce in einem Topf aufkochen. Die Temperatur reduzieren, mit Meersalz und weißem Pfeffer abschmecken und die übrigen Zutaten hinzugeben. 20 Minuten köcheln lassen, dann über die Hühnerkeulen geben. Mit einem Blattsalat servieren.

Zubereitungszeit: ca. 30 Minuten
(plus Backzeit)
Pro Portion ca. 341 kcal/1430 kJ
26 g E · 3 g KH · 23 g F

Avocadosalat mit Prosciutto

Für 4 Personen
1 Tl Thymianblätter
½ Tl brauner Zucker
1 TL Dijon-Senf
3 El natives Olivenöl extra
1 El Balsamessig
2 Avocados, in Spalten geschnitten
2 Gemüsegurken, in dünne Scheiben geschnitten
2 El geröstete Pinienkerne
120 g Blattsalatmischung
6 Scheiben Prosciutto

Für das Dressing Thymian, Zucker, Senf, Öl und Essig in einer kleinen Schüssel verrühren. Avocados, Gurken und Pinienkerne auf dem Blattsalat anrichten.

Den Prosciutto in 4 cm große Stücke schneiden und knusprig grillen oder braten. Den heißen Schinken mit dem Dressing vermischen und über den Salat geben.

Zubereitungszeit: ca. 45 Minuten
Pro Portion ca. 361 kcal/1512 kJ
11 g E · 4 g KH · 33 g F

Gebratener Thunfisch mit Olivenbutter und warmem Salat

Für 4 Personen
1 rote Paprika
4 reife Tomaten, geviertelt
1 rote Zwiebel, geachtelt
2 El natives Olivenöl extra
2 El weiche Butter
6 schwarze Oliven, entkernt und fein gehackt
2 El fein gehackte glatte Petersilie
4 Thunfischfilets (à 150 g)

Den Backofen auf 180 °C vorheizen. Die Paprika in breite Streifen schneiden und mit Tomaten und Zwiebel auf ein Backblech legen. Mit Olivenöl beträufeln, mit Meersalz und frisch gemahlenem schwarzem Pfeffer abschmecken und mit Alufolie abgedeckt 30 Minuten backen.

Butter, Oliven und Petersilie verrühren.

Die Thunfischfilets 2–3 Minuten rundum scharf anbraten. Mit dem warmen Salat und einem Klecks Olivenbutter servieren.

Zubereitungszeit: ca. 50 Minuten
Pro Portion ca. 495 kcal/2075 kJ
34 g E · 4 g KH · 35 g F

Tofu-Salat mit Sesam

Für 4 Personen als Beilage
55 g helle Sesamkörner, geröstet
1 TL Zucker
1 ½ El Sojasauce
1 Tl frischer Ingwersaft
1 Tl Reisessig
400 g Chinakohl oder Brokkoli, klein geschnitten
200 g geräucherter Tofu, gewürfelt
2 Frühlingszwiebeln, in dünne Scheiben geschnitten
Sesamkörner (zusätzlich)

Gerösteten Sesam, Zucker, Sojasauce, Ingwersaft und Essig mit 80 ml Wasser im Mixer zu einer groben Paste verarbeiten und in eine kleine Schale füllen. Das Gemüse kurz in kochendem Salzwasser blanchieren, bis es leuchtend grün und zart ist.

Das Gemüse mit dem Tofu auf einem Servierteller anrichten, das Sesamdressing darüber geben und mit Frühlingszwiebeln und Sesamkörnern garnieren.

Zubereitungszeit: ca. 35 Minuten
Pro Portion ca. 144 kcal/602 kJ
8 g E · 5 g KH · 10 g F

Pikanter Flussbarsch

Für 4 Personen
12 ganze Macadamia-Nüsse
1/4 Zwiebel, klein gewürfelt
4 Knoblauchzehen
2 rote Chilischoten, entkernt und fein gehackt
2 Tl fein geriebener frischer Ingwer
1 Tl gemahlenes Kurkuma
4 El Tamarindenwasser (siehe Grundrezepte)
1 Tl Sojasauce
4 Flussbarschfilets (à 200 g)
125 ml Kokosmilch
Gedämpftes asiatisches Blattgemüse

Den Backofen auf 200 °C vorheizen. Nüsse, Zwiebel, Knoblauch, Chillies, Ingwer, Kurkuma, Tamarindenwasser und Sojasauce im Mixer zu einer Paste verarbeiten. Die Fischfilets unter kaltem Wasser abwaschen und mit Küchenpapier trockentupfen. Den Fisch mit der Hälfte der Paste bestreichen, auf ein Backblech legen und 12 Minuten backen.

Die restliche Paste mit der Kokosmilch in einen kleinen Topf geben und bei mittlerer Hitze verrühren. Den gebackenen Fisch mit gedämpftem Gemüse und etwas Kokossauce servieren.

Zubereitungszeit: ca. 50 Minuten
Pro Portion ca. 296 kcal/1241 kJ
39 g E · 5 g KH · 11 g F

Zwiebelsuppe

Für 4 Personen
2 El Butter
8 Zwiebeln, in dünne Ringe geschnitten
2 Knoblauchzehen
1 El fein gehackter Rosmarin
1 l Hühnerbrühe
70 g geriebener alter Cheddar
30 g grob gehackte glatte Petersilie

Die Butter in einem großen Topf bei mittlerer Hitze zerlassen und Zwiebeln, Knoblauch und Rosmarin 30 Minuten abgedeckt unter gelegentlichem Rühren dünsten, bis sie fast zerfallen.

Die Hühnerbrühe zugießen, mit Meersalz und weißem Pfeffer abschmecken und 30 Minuten kochen. Die Suppe auf vier große Suppenteller verteilen und mit Käse und Petersilie bestreut servieren.

Zubereitungszeit: ca. 30 Minuten
(plus Kochzeit)
Pro Portion ca. 120 kcal/503 kJ
7 g E · 6 g KH · 7 g F

Frisch und schnell

- Verfeinern Sie ihr Lieblings-Pfannengemüse mit dünn geschnittenem geräuchertem Tofu.
- Marinieren Sie festen Tofu über Nacht in Mirin, Sojasauce, frisch geriebenem Ingwer und 1 Tl Sesamöl. Reichen Sie dazu gedämpften Reis und gedämpftes chinesisches Blattgemüse.
- Dünsten Sie 4 in Ringe geschnittene Zwiebeln in etwas Butter an und geben Sie 1 Tl Rosmarin, 1 Tl braunen Zucker und 2 fein gehackte Knoblauchzehen hinzu. Dünsten Sie die Zwiebeln abgedeckt glasig, kochen Sie sie dann bei schwacher Hitze zu einer marmeladenartigen Konsistenz ein und rühren Sie etwas Senf ein. Reichen Sie sie zu Bratwürsten und Kartoffelpüree.

Zwiebelsuppe

Entenbrust mit Gurke

Selleriepüree

Entenbrust mit Gurke

Für 4 Personen
115 g brauner Zucker
3 El geriebener frischer Ingwer
Fein abgeriebene Schale und Saft von 1 Orange
4 Entenbrustfilets
2 Tl Sesamöl
3 Tl Sesamkörner
6 Gemüsegurken, halbiert und schräg in Scheiben geschnitten
80 g Schnittknoblauch, in Stücke geschnitten
1 El Sojasauce

Zucker, 2 Teelöffel Ingwer und die Orangenschale in einer Schüssel mischen. Die Haut der Entenbrüste mit einem scharfen Messer mehrfach diagonal einschneiden. Die Haut mit der Zuckermischung einreiben und mehrere Stunden oder über Nacht im Kühlschrank marinieren.

Den Backofen auf 180 °C vorheizen. Die Entenbrüste 10–12 Minuten auf einem Backblech backen. Aus dem Ofen nehmen, abdecken und warm stellen. Das Sesamöl in einem Wok erhitzen und Sesamkörner und restlichen Ingwer hineingeben. Sobald die Körner bräunen, Gurken und Knoblauch hinzugeben. Eine Minute pfannenrühren, dann Sojasauce, Orangensaft und Bratensaft der Ente zugießen.

Die Ente kurz unter dem heißen Backofengrill knusprig grillen und aufgeschnitten mit Gurken und Reis servieren.

Zubereitungszeit: ca. 50 Minuten
Pro Portion ca. 361 kcal/1511 kJ
27 g E · 37 g KH · 11 g F

Sellerriepüree

Für 4 Personen
1 kg Knollensellerie
2 Kartoffeln
1 Tl Zitronensaft
2 Knoblauchzehen
2 El Butter
1/4 Zwiebel, klein gewürfelt
125 ml Sahne

Sellerie und Kartoffeln schälen, in große Stücke schneiden und mit Zitronensaft und Knoblauch in einen Topf mit kaltem Wasser geben. Aufkochen und 25 Minuten kochen lassen, bis der Sellerie zart ist.

Das Gemüse abgießen und mit Butter und Zwiebel wieder in den Topf geben. Unter langsamem Zugießen von Sahne zerstampfen, bis ein cremiges Püree entsteht. Abschmecken und sofort servieren.

Zubereitungszeit: ca. 45 Minuten
Pro Portion ca. 206 kcal/861 kJ
5 g E · 12 g KH · 15 g F

Geschmorter Thunfisch mit Limettenblättern

Für 4 Personen
Thunfischfilet am Stück (ca. 600 g)
15 Kaffir-Limettenblätter
2 El rosa Pfefferkörner
250–500 ml Olivenöl
Limettenmayonnaise (siehe Grundrezepte)

Den Backofen auf 120 °C vorheizen. Die Filets unter kaltem Wasser waschen und trockentupfen. Dunkles Fleisch vom Thunfischfilet entfernen und das Filet längs halbieren, wenn es besonders dick ist. Den Fisch in eine Kastenform oder einen kleinen Bräter geben. Mit Meersalz würzen, mit Limettenblättern und Pfefferkörnern bestreuen, mit Öl bedecken und mit einem Deckel oder Alufolie abdecken. 45 Minuten backen.

Den Thunfisch aus dem Öl heben und dick aufgeschnitten mit gedämpften Kartoffeln, Limettenmayonnaise und Limettenspalten servieren.

Zubereitungszeit: ca. 25 Minuten
(pus Backzeit)
Pro Portion ca. 1055 kcal/4420 kJ
32 g E · 0 g KH · 98 g F

Frisch und schnell

- Pfannengerührte Gurke verleiht jedem Wok-Gericht einen köstlichen Geschmack und Biss, wie zum Beispiel Brokkoli, grünen Paprikastreifen und Frühlingszwiebeln mit einer Sauce aus Sesamöl, Sojasauce, Ingwer, Sesamkörnern und frischem Zitronensaft.
- Reiben Sie eine Sellerieknolle in einen Topf mit gedünsteten Zwiebeln. Bedecken Sie den Sellerie mit Gemüsebrühe und geben Sie etwas gehackte glatte Petersilie hinzu. Köcheln Sie den Sellerie, bis er zerfällt (unter Umständen brauchen Sie mehr Brühe, damit eine Suppe entsteht). Schmecken Sie die Suppe ab und servieren Sie sie mit Toastbrot und einem Schlag Sahne oder zerkrümeltem Ziegenkäse.
- Wenn Sie Thunfisch lieber gebraten mögen, marinieren Sie 1 cm dicke Scheiben in Zitronensaft, Olivenöl und fein gehackten Limettenblättern. Braten Sie den Fisch von beiden Seiten und reichen Sie dazu gedämpftes Gemüse, einen Nudelsalat oder Limettenmayonnaise und gekochte Kartoffeln.

Geschmorter Thunfisch mit Limettenblättern

Lammkeule mit Pastinake, Zitrone und Kräutern

Für 4 Personen
4 rote Zwiebeln, geviertelt
6 Knoblauchzehen, in dünne Scheiben geschnitten
4 Thymianzweige
4 Stück Lammkeule (ca. 1,2 kg)
1 große Pastinake, geschält
8 Salbeiblätter
250 ml Kalbsbrühe
1 El kleine Kapern
1 Knoblauchzehe, zerdrückt (zusätzlich)
fein abgeriebene Schale von 1 Zitrone
20 g glatte Petersilie

Den Backofen auf 200 °C vorheizen. Zwiebeln, Knoblauch und Thymian als Bett in einen Bräter geben. Die Lammkeulen darauf legen, Pastinake und Salbei darüber geben und kräftig abschmecken. Mit der Brühe übergießen und mit einem Deckel oder Alufolie abdecken. 1 Stunde schmoren, dann abdecken und weitere 30 Minuten garen, bis das Fleisch vom Knochen fällt.

Kapern, Knoblauch, Zitronenschale und Petersilie mit einem scharfen Messer hacken und über das Fleisch streuen.

Zubereitungszeit: ca. 40 Minuten
(plus Garzeit)
Pro Portion ca. 815 kcal/3414 kJ
57 g E · 18 g KH · 57 g F

Lachsforelle mit Salsa Verde

Für 4 Personen
1 dicke Scheibe Weißbrot ohne Kruste
40 g glatte Petersilie
4 Sardellen
1 Tl kleine Kapern
10 Minzeblätter
1 El eingelegte Limette (Lime Pickle) oder eingelegte Zitrone
80 ml Olivenöl
4 Lachsforellenfilets (à 175 g)
2 El Pflanzenöl
Gekochte Kartoffeln

Das Brot für die Salsa in einer Schüssel mit Wasser einweichen, dann ausdrücken – es sollte weich, aber nicht nass sein. Mit Petersilie, Sardellen, Kapern, Minze, Limette und Olivenöl im Mixer pürieren.

Die Fischfilets unter kaltem Wasser waschen und mit Küchenpapier trockentupfen. Das Pflanzenöl in einer Pfanne stark erhitzen und die Filets mit der Hautseite nach unten hineingeben. Fest andrücken, so dass die gesamte Oberfläche anbrät. 2 Minuten knusprig braten, dann wenden, die Temperatur reduzieren und weitere 3 Minuten braten.

Die leicht gesalzenen Filets mit der Salsa Verde und gekochten Kartoffeln servieren.

Zubereitungszeit: ca. 45 Minuten
Pro Portion ca. 544 kcal/2280 kJ
40 g E · 32 g KH · 25 g F

Gedämpfter Flussbarsch mit Gemüse

Für 4 Personen
1 El gemahlener gerösteter Kreuzkümmel
1 Tl Thymianblätter
½ Tl gemahlenes Kurkuma
1 Tl Meersalz
4 Flussbarschfilets (à 200 g)
3 El Butter
3 Zucchini, schräg in Scheiben geschnitten
150 g Zuckerschoten, geputzt
1 El Zitronensaft

Einen großen Topf mit Wasser zum Kochen bringen. Kümmel, Thymian, Kurkuma, Salz und etwas gemahlenen schwarzen Pfeffer in einen großen Gefrierbeutel geben. Die Fischfilets unter kaltem Wasser abwaschen, mit Küchenpapier trockentupfen, in den Beutel mit den Gewürzen geben und den Beutel schütteln, um den Fisch mit Gewürz zu überziehen.

Die Butter in einer großen Pfanne bei mittlerer Hitze zerlassen und die Zucchini andünsten, bis sie gerade zart sind. Zuckerschoten und Zitronensaft hinzugeben, abdecken und einige Minuten dünsten lassen, bis die Schoten leuchtend grün sind. Den Fisch auf einem Teller in einen Dämpfeinsatz stellen und 4–5 Minuten über köchelndem Wasser garen. Mit dem Zitronen-Gemüse servieren.

Zubereitungszeit: ca. 55 Minuten
Pro Portion ca. 284 kcal/1191 kJ
41 g E · 7 g KH · 8 g F

Gebratenes Lamm auf Ingwerlinsen

Für 4 Personen
2 El Olivenöl
1 rote Zwiebel, in dünne Streifen geschnitten
2 Knoblauchzehen, zerdrückt
3 El geriebener frischer Ingwer
1 Tl gemahlener gerösteter Kreuzkümmel
200 g rote Linsen
500 g Lammrücken oder -filet, pariert
Fein abgeriebene Schale und Saft von 1 Orange
Korianderblätter, grob gehackt

Den Backofen auf 180 °C vorheizen. Das Öl in einem Topf bei mittlerer Hitze erhitzen und Zwiebel und Knoblauch eine Minute andünsten, dann Ingwer, Kümmel und Linsen hinzugeben. 1–2 Minuten durchrühren, dann 625 ml Wasser zugießen. 30 Minuten köcheln lassen, bis die Linsen gar sind.

Das Fleisch rundum scharf anbraten, dann 5 Minuten im Backofen schmoren. Aus dem Ofen nehmen, würzen, mit Alufolie abdecken und 1 Minute ruhen lassen. Orangenschale und -saft und den größten Teil des Korianders zu den Linsen geben und mit Meersalz und weißem Pfeffer abschmecken. Die Linsen auf vier tiefe Teller verteilen und das aufgeschnittene Fleisch darauf anrichten. Mit Bratensaft und etwas Olivenöl beträufeln und mit Korianderblättern bestreuen.

Zubereitungszeit: ca. 1 Stunde 10 Minuten
Pro Portion ca. 697 kcal/2918 kJ
30 g E · 29 g KH · 50 g F

Pikanter Rotkohl

Für 4 Personen
2 El Olivenöl
2 Knoblauchzehen, zerdrückt
1 Tl Fenchelsamen
1 El Senfkörner
500 g Rotkohl, in dünne Streifen geschnitten
125 ml Rotwein

Das Öl in einer tiefen Pfanne bei mittlerer Hitze erhitzen und Knoblauch, Fenchelsamen und Senfkörner hineingeben. Sobald die Senfkörner platzen, den Kohl hinzugeben und eine Minute andünsten. Den Wein zugießen, abdecken und 30 Minuten bei schwacher Hitze köcheln lassen. Dazu passen glasierte Schweinelende oder Gänsebraten.

Zubereitungszeit: ca. 50 Minuten
Pro Portion ca. 95 kcal/397 kJ
2 g E · 5 g KH · 5 g F

Würziges Gemüse mit Kuskus

Für 4 Personen
1 rote Zwiebel, geachtelt
2 Knoblauchzehen, in dünne Scheiben geschnitten
1 Zimtstange
2 cm großes Stück frischer Ingwer, geschält und geviertelt
1 Tl Paprikapulver
1 große Prise Safran
400 g gehackte Tomaten aus der Dose
2 rote Paprika, entkernt und in Stücke geschnitten
1 El brauner Zucker
400 g gekochte Kichererbsen
60 ml Pflanzenöl
4 schlanke Auberginen, längs halbiert
80 g Koriander, grob gehackt
Gebutterter Kuskus (siehe Grundrezepte)

Zwiebel, Knoblauch, Gewürze und Tomaten mit 250 ml Wasser in einem großen Topf zum Kochen bringen. Paprika, Zucker und Kichererbsen hinzufügen, abschmecken und 30 Minuten köcheln lassen. In der Zwischenzeit das Öl in einer Pfanne stark erhitzen und die Auberginen goldgelb anbraten. Auf Küchenpapier abtropfen lassen.

Zimt und Ingwer aus der Tomatensauce entfernen und den Koriander einrühren. Die Auberginen mit der Sauce und gebuttertem Kuskus servieren.

Zubereitungszeit: ca. 1 Stunde 10 Minuten
Pro Portion ca. 523 kcal/2189 kJ
23 g E · 61 g KH · 19 g KH

Wursteintopf mit Bohnen

Für 4 Personen
800 g weiße Bohnen aus der Dose, abgespült
5 reife Eiertomaten, grob gehackt
400 g gehackte Tomaten aus der Dose
2 Lauchstangen, grob gehackt
8 Knoblauchzehen, geschält
1 El Thymianblätter
250 ml Weißwein
350 g Mettwurst
15 g grob gehackte Petersilie

Den Backofen auf 180 °C vorheizen. Bohnen, Tomaten, Lauch, Knoblauch, Thymian und Wein in einen Bräter oder eine Auflaufform geben.

Die Würste mit einer Gabel mehrfach einstechen und in einer Pfanne von allen Seiten scharf anbraten. In mundgerechte Stücke schneiden und in den Bräter geben. Kurz durchrühren, abdecken und 1 Stunde im Ofen schmoren.

Den Eintopf mit Petersilie bestreut und mit ofenfrischem Brot servieren.

Zubereitungszeit: ca. 25 Minuten
(plus Garzeit)
Pro Portion ca. 845 kcal/3579 kJ
45 g E · 75 g KH · 35 g F

Kräuterhühnchen auf Butter-Risoni

Für 4 Personen
8 große Salbeiblätter
1 Lauchstange, in 8 cm lange Stücke geschnitten
4 Hühnerbrustfilets
2 El Butter
400 g Risoni
Fein abgeriebene Schale von 1 Zitrone
30 g grob gehackte glatte Petersilie

Den Backkofen auf 180 °C vorheizen. 4 Blätter Backpapier mit 20 cm Kantenlänge auslegen und jeweils ein mit etwas Lauch belegtes Salbeiblatt in die Mitte setzen. Eine Hühnerbrust darauf legen, würzen und eine Butterflocke darauf setzen. Mit weiterem Lauch und einem zweiten Salbeiblatt bedecken und das Papier zu einem Paket verschließen. Auf ein Backblech setzen und 25 Minuten schmoren.

In der Zwischenzeit die Risoni in kochendem Salzwasser al dente kochen, abgießen und mit der restlichen Butter, Zitronenschale und Petersilie wieder in den warmen Topf geben und durchrühren.

Die Risoni auf vier vorgewärmte Teller geben und die Hühnchen entweder im Paket oder ausgepackt darauf anrichten. Den Bratensaft dabei über die Nudeln geben.

Zubereitungszeit: ca. 55 Minuten
Pro Portion ca. 613 kcal/2567 kJ
59 g E · 71 g KH · 7 g F

Zitronen-Ricotta-Kuchen

Vanille-Aprikosen

Zitronen-Ricotta-Kuchen

Für 10 Personen
125 g Sultaninen
250 ml sehr starker Earl Grey Tee
6 Eier, getrennt
500 g fester Ricotta
125 ml Sahne
125 g feinster Zucker
Fein abgeriebene Schale von 3 Zitronen
Zitronen-Cointreau-Sirup (siehe Grundrezepte)

Den Backofen auf 180 °C vorheizen. Eine 20 cm-Springform mit Backpapier ausschlagen.

Die Sultaninen im Tee einweichen. Das Eiweiß steif schlagen. Den Ricotta in einer großen Schüssel mit Eigelb, Sahne, Zucker und Zitronenschale verrühren. Die Sultaninen abtropfen lassen und mit dem Ricotta verrühren, dann vorsichtig den Eischnee unterziehen.

Die Mischung in die Springform füllen und 40 Minuten backen, dann mit Alufolie abdecken und 15 Minuten backen. Prüfen, ob der Kuchen durchgebacken ist, dann abkühlen lassen.

Mit Zitronen-Cointreau-Sirup und Zitronen- oder Vanilleeis servieren.

Zubereitungszeit: ca. 30 Minuten
(plus Backzeit)
Pro Portion ca. 284 kcal/1189 kJ
11 g E · 21 g KH · 16 g F

Vanille-Aprikosen

Für 6 Personen
200 g getrocknete Aprikosen
1 Vanilleschote, aufgeschnitten
½ Tl Rosenwasser
1 El Honig
40 g geröstete Mandelsplitter
250 g Naturjoghurt

Die Aprikosen mit der Vanilleschote und 625 ml Wasser in einem Topf zum Kochen bringen, abdecken und 1 Stunde bei schwacher Hitze köcheln lassen.

Die Vanilleschote entfernen und Rosenwasser und Honig einrühren. Mit gerösteten Mandelsplittern und Joghurt oder warmer Vanillesauce servieren.

Zubereitungszeit: ca. 20 Minuten
(plus Kochzeit)
Pro Portion ca. 153 kcal/642 kJ
3 g E · 26 g KH · 4 g F

Schoko-Muffins

Für 12 Stück
125 g Butter
100 g Zartbitterschokolade
185 ml starker Kaffee
250 g Zucker
1 Ei
1 Tl Vanillearoma
80 g Mehl
1 Tl Backpulver
30 g Kakaopulver
Schokoladenglasur (siehe Grundrezepte)

Den Backofen auf 180 °C vorheizen. Butter, Schokolade und Kaffee in einem Topf bei schwacher Hitze erhitzen, bis die Schokolade geschmolzen ist. Den Zucker unter Rühren auflösen und die Mischung in eine Rührschüssel geben. Ei und Vanillearoma einrühren, dann die Trockenzutaten einsieben und verrühren.

Papierförmchen in ein Muffins-Blech setzen und mit Teig füllen. 15 Minuten backen. Abkühlen, aus den Formen lösen und glasieren. Mit Schlagsahne oder Vanilleeis servieren.

Zubereitungszeit: ca. 45 Minuten
Pro Portion ca. 247 kcal/1035 kJ
3 g E · 31 g KH · 12 g F

Frisch und schnell

- Wenden Sie dünn geschnittene Apfelscheiben in etwas Zimt, Zucker und Zitronenschale. Stechen Sie 12 cm große Blätterteigscheiben aus und geben Sie jeweils eine halbe Apfelscheibe in die Mitte. Schlagen Sie die Hälfte der Teigscheibe über die Füllung und drücken Sie die Ränder fest zusammen. Bestreuen Sie die Apfeltaschen auf einem Backblech mit Zucker und stechen Sie die Oberseiten mit einer Gabel ein. Backen Sie die Taschen goldbraun und servieren Sie sie heiß.
- Schneiden Sie 10 getrocknete Feigen dünn auf und bedecken Sie sie mit Wasser, Saft und Schale von 1 Orange, Zimt und 1 Tl Rosenwasser. Lassen Sie die Feigen über Nacht ziehen und servieren Sie sie auf Eiscreme.
- Manchmal gibt es nichts Besseres als eine knackige Apfelscheibe und eine Scheibe kräftigen Käse. Reichen Sie dazu Walnusshälften oder Mandeln.

Schoko-Muffins

Apfel-Pekannuss-Streusel

Für 10 Personen
125 g Mehl, 2 Tl Backpulver
370 g brauner Zucker
2 Tl Zimt
125 g Butter
125 ml Milch
2 Eier
100 g Pekannüsse, gehackt
2 grüne Äpfel, geschält, entkernt und in dünne Scheiben geschnitten
Schlagsahne oder Joghurt

Den Backofen auf 180 °C vorheizen. Eine 20 cm-Springform mit Backpapier auslegen. Mehl, Backpulver, Zucker und Zimt in der Küchenmaschine mit Butter fein krümelig verrühren. Die Hälfte der Mischung in der Form verteilen.

Milch und Eier zur übrigen Mischung geben und zu einem Teig verrühren, dann die Nüsse einrühren. Die Apfelscheiben über den Streuselboden verteilen und mit dem Teig bedecken. 1 Stunde backen, dann mit einem Holzspieß den Gargrad überprüfen.

Den Kuchen abkühlen lassen, dann auf einen Servierteller geben. Leicht warm mit Schlagsahne oder Joghurt servieren.

Zubereitungszeit: ca. 30 Minuten
(plus Backzeit)
Pro Portion ca. 395 kcal/1653 kJ
4 g E · 48 g KH · 20 g F

Gefüllte Äpfel auf Panettone

Für 4 Stück
1 Mini-Panettone (ital. Kuchen)
4 große grüne Äpfel
2–3 El brauner Zucker
2 El Butter
Puderzucker zum Bestäuben

Den Backofen auf 180 °C vorheizen. Ein Backblech mit Backpapier auslegen. Den runden Deckel des Panettone abschneiden und den Rest in 4 Scheiben schneiden. Die kreisrunden Panettonescheiben leicht buttern und auf das Backblech setzen.

Die Äpfel waschen, trocknen und mit einem Apfelausstecher jeweils das Kerngehäuse entfernen. Restlichen Panettone in Scheiben schneiden, buttern und anschließend in Stücke schneiden. Die Äpfel mit Panettonestückchen und etwas braunem Zucker füllen

Einen Teelöffel braunen Zucker und eine Butterflocke auf jeden Apfel geben. Die gefüllten Äpfel auf die Panettonekreise setzen und im Backofen 40 Minuten backen.

Noch warm mit Puderzucker bestäubt servieren. Nach Wunsch Vanillesauce oder Vanilleeis dazu reichen.

Zubereitungszeit: ca. 1 Stunde
Pro Portion ca. 1211 kcal/5115 kJ
28 g E · 150 g KH · 55 g F

Birnen-Kardamom-Tarte

Für 8 Personen
185 g gemahlene Mandeln
110 g Butter
125 g feinster Zucker
3 Eier
½ Tl Kardamompulver
3 Tl Kakaopulver
1 vorgebackener 25 cm-Mürbeteigboden (siehe Grundrezepte)
2 reife Butterbirnen

Den Backofen auf 180 °C vorheizen. Mandeln, Butter, Zucker bis auf 2 Esslöffel, Eier, Kardamom und Kakao in der Küchenmaschine zu einer dickflüssigen Paste verrühren. Die Mischung sorgfältig auf dem Boden verteilen.

Die Birnen vierteln und entkernen, dann in dicke Spalten schneiden und fächerförmig auf der Mandelfüllung anrichten. 20 Minuten backen.

Die Tarte aus dem Ofen nehmen und mit dem restlichen Zucker bestreuen. Weitere 10 Minuten backen, dann den Gargrad überprüfen. Leicht abkühlen lassen und servieren.

Zubereitungszeit: ca. 35 Minuten
(plus Backzeit)
Pro Portion ca. 367 kcal/1538 kJ
8 g E · 21 g KH · 27 g F

Frisch und schnell

- Halbieren Sie ein Blatt TK-Blätterteig. Bestreichen Sie eine Hälfte mit Aprikosenmarmelade, bedecken Sie sie mit der zweiten Hälfte und drücken Sie die Ränder zusammen. Den Teig auf ein mit Backpapier ausgelegtes Blech geben und mit Birnenscheiben belegen. Mit Butter bestreichen und mit Zimtzucker bestreuen. Den Teig goldbraun backen und in Riegel geschnitten mit Schlagsahne servieren.
- Kochen Sie 500 g reife, geschälte und in Stücke geschnittene Äpfel mit wenig Wasser in einem Topf zu Brei. Geben Sie alles durch ein Sieb und streuen Sie 500 g Zucker ein. Gut unterrühren. Sobald der Zucker eingezogen ist, alles unter Rühren kochen, bis die Masse Fäden zieht. Füllen Sie die Apfelkonfitüre anschließend in vorbereitete Gläser und verschließen Sie sie fest. Die Gläser vor der Lagerung auf den Kopf stellen und ca. 5 Minuten stehen lassen.
- Verfeinern Sie Ihren Apfelkompott mit Honig und einem Schuss Limoncello (italienischer Zitronenlikör). Zu frischen Waffeln schmeckt der Kompott himmlisch.

Grundrezepte

Limettenmayonnaise

2 Eigelb
Fein abgeriebene Schale und Saft von 1 Limette
250 ml Pflanzenöl
Meersalz

Eigelbe, Zitronenschale und -saft in einer großen Schüssel verschlagen. Unter Schlagen langsam das Öl zugießen, bis die Mischung andickt, und weiterrühren, bis die Mayonnaise cremig ist. Mit Salz abschmecken.

Bei Bedarf mit etwas kaltem Wasser auf die gewünschte Konsistenz verdünnen.

Zubereitungszeit: ca. 20 Minuten
Ca. 254 kcal/1062 kJ
16 g E · 1 g KH · 20 g F

Gebackene Süßkartoffeln

Für 4 Personen
2 große Süßkartoffeln
1 El Pflanzenöl
Meersalz

Den Backofen auf 180 °C vorheizen. Die Süßkartoffeln schälen und in Stücke schneiden. Im Öl wenden und großzügig mit Salz und frisch gemahlenem schwarzem Pfeffer abschmecken.

Die Kartoffeln in einer Lage auf einem Backblech ausbreiten und 30 Minuten backen, bis sie gebräunt und gar sind.

Zubereitungszeit: ca. 45 Minuten
Pro Portion ca. 110 kcal/460 kJ
1 g E · 21 g KH · 3 g F

Kartoffelpüree

Für 4 Personen
4 mehlig kochende Kartoffeln
2 El Milch
2 El Butter

Die Kartoffeln schälen, in Stücke schneiden und 15 Minuten weich kochen. Abgießen, mit Milch und Butter wieder in den Topf geben und stampfen. Mit Salz und Pfeffer abschmecken.

Zubereitungszeit: ca. 35 Minuten
Pro Portion ca. 103 kcal/432 kJ
1 g E · 9 g KH · 6 g F

Gebutterter Kuskus

Für 4 Personen
200 g Instant-Kuskus
2 El Butter

250 ml Wasser in einem Topf zum Kochen bringen und den Kuskus hineingeben. Den Topf vom Herd nehmen, die Butter in Flocken einrühren und den Kuskus 10 Minuten quellen lassen.

Den Kuskus mit einer Gabel auflockern und kräftig mit Salz und Pfeffer abschmecken.

Zubereitungszeit: ca. 20 Minuten
Pro Portion ca. 200 kcal/839 kJ
5 g E · 34 g KH · 4 g F

Pesto

150 g Basilikumblätter
140 g glatte Petersilie, grob gehackt
100 g geriebener Parmesan
1 Knoblauchzehe
80 g Pinienkerne, geröstet
170 ml Olivenöl

Aus Basilikum, Petersilie, Parmesan, Knoblauch und Pinienkernen im Mixer oder Mörser eine dickflüssige Paste zubereiten.

Das Öl zugießen, bis die Paste eine löffelbare Konsistenz hat.

Die Pesto zum Aufbewahren in einem ausgekochten Schraubglas mit Olivenöl bedecken, damit die Oberfläche nicht oxidiert. Die Pesto hält sich im Kühlschrank bis zu 2 Wochen.

Zubereitungszeit: ca. 30 Minuten
Ca. 2595 kcal/10868 kJ
60 g E · 8 g KH · 251 g F

Croûtons

6 dicke Weißbrotscheiben ohne Kruste
125 ml Pflanzenöl

Das Brot in kleine Würfel schneiden. Das Öl in einer Pfanne stark erhitzen, die Brotwürfel hineingeben und die Temperatur reduzieren. Das Brot im Öl goldbraun rösten.

Die Croûtons mit einem Schaumlöffel aus dem Öl heben und auf Küchenpapier abtropfen lassen. Mit Salz und Pfeffer würzen.

Zubereitungszeit: ca. 20 Minuten
Ca. 411 kcal/1722 kJ
9 g E · 51 g KH · 14 g F

Tomatensauce

6 Eiertomaten
10 Basilikumblätter
1 Tl Zucker
1 Knoblauchzehe
2 El natives Olivenöl extra
1 Tl Balsamessig

Den Backofen auf 200 °C vorheizen. Die Tomaten auf einem Backblech backen, bis die Schale rundum schwärzt. Herausnehmen, ein nasses Küchentuch auf die Tomaten legen und sie anschließend häuten.

Die Tomaten mit Basilikum, Zucker, Knoblauch, Olivenöl und Essig im Mixer zu einer dickflüssigen Sauce verarbeiten, dabei bei Bedarf mit etwas warmem Wasser verdünnen. Die Sauce hält sich im Kühlschrank 2–3 Tage.

Zubereitungszeit: ca. 40 Minuten
Ca. 75 g kcal/314 kJ
1 g E · 5 g KH · 5 g F

Rouille

1 dicke Scheibe Sauerteigbrot
1 Prise Safranfäden
1 rote Paprika, geröstet und abgezogen
¼ Tl Paprikapulver
2 Knoblauchzehen
125 ml Olivenöl

Das Brot in Stücke zupfen und in eine Schüssel geben. Die Safranfäden in einem kleinen Topf mit 60 ml Wasser zum Kochen bringen und 1 Minute köcheln. Das heiße Safranwasser über das Brot geben.

Das Brot einweichen, dann mit Paprika, Paprikapulver und Knoblauch im Mixer zu einer glatten Paste mixen und mit Olivenöl zu einer dickflüssigen Konsistenz verrühren. Mit Salz abschmecken.

Zubereitungszeit: ca. 30 Minuten
Ca. 1515 kcal/6346 kJ
11 g E · 75 g KH · 126 g F

Tapenade

75 g entkernte schwarze Oliven
1 Knoblauchzehe
15 g grob gehackte glatte Petersilie
10 Basilikumblätter
2 Sardellenfilets
1 Tl Kapern
125 ml Olivenöl

Alle Zutaten bis auf das Öl im Mixer zu einer groben Paste verarbeiten. Das Öl zugießen, bis die Tapenade die gewünschte Konsistenz hat. Mit frisch gemahlenem schwarzem Pfeffer abschmecken.

Zubereitungszeit: ca. 15 Minuten
Ca. 325 kcal/1362 kJ
1 g E · 1 g KH · 34 g F

Einfache Vinaigrette

2 El Essig
125 ml Olivenöl
1 Tl Dijon-Senf

Alle Zutaten miteinander verschlagen und abschmecken. Man kann noch weitere Zutaten wie frischen Thymian, Basilikum oder Rosmarin hinzufügen. Der Essig lässt sich durch Zitronensaft ersetzen.

Zubereitungszeit: ca. 10 Minuten
Pro Portion ca. 292 kcal/1223 kJ
0 g E · 0 g KH · 31 g F

Dashi-Brühe

In den meisten asiatischen Lebensmittelgeschäften sowie in gut sortierten Reformhäusern erhält man Instant-Dashi.

Tamarindenwasser

100 g Tamarindenmark

Das Mark in einer Schüssel mit 500 ml kochendem Wasser bedecken. 1 Stunde unter gelegentlichem Rühren ziehen lassen, um die Fasern zu lösen, dann durch ein Sieb abseihen.

Mürbeteigboden

Für 1 Boden*
200 g Mehl
100 g Butter
1 El feinster Zucker

Mehl, Butter, Zucker und 1 Prise Salz 1 Minute in der Küchenmaschine rühren. 2 Esslöffel eiskaltes Wasser zugeben und alles gut verrühren. Den Teig 30 Minuten in Frischhaltefolie eingeschlagen kalt stellen.

Den Teig möglichst dünn ausrollen (am besten zwischen zwei Lagen Frischhaltefolie) und eine 25 cm-Tarteform oder sechs 8 cm-Tartelettformen damit auskleiden. Weitere 30 Minuten kalt stellen. Den Teigboden mehrfach einstechen, die Form mit Backpapier auslegen und mit Reis als Backgewicht füllen. Alles 10–15 Minuten im vorgeheizten Backofen bei 200 °C blindbacken, bis der Teig gar und trocken aussieht. Aus dem Ofen nehmen und abkühlen lassen.

Zubereitungszeit: ca. 15 Minuten
(plus Kühlzeit)
Ca. 1464 kcal/6130 kJ
22 g E · 153 g KH · 85 g F

* Die Böden können mehrere Wochen eingefroren werden. Man kann sie direkt in den Backofen geben, ohne sie aufzutauen.

Zitronen-Cointreau-Sirup

Saft von 3 Zitronen
60 g Zucker
1 Sternanis
2 El Cointreau

Zitronensaft, Zucker und Anis in einem kleinen Topf aufkochen, die Temperatur reduzieren und einige Minuten köcheln lassen. Abkühlen lassen, dann den Cointreau einrühren. Der Sirup hält sich im Kühlschrank einige Wochen.

Zubereitungszeit: ca. 25 Minuten
Ca. 342 kcal/1432 kJ
0 g E · 74 g KH · 0 g F

Kardamom-Mandelbrot

3 Eiweiß
80 g feinster Zucker
85 g Mehl
Fein abgeriebene Schale von 2 Orangen
90 g abgezogene Mandeln
¼ Tl Kardamompulver

Den Backofen auf 180 °C vorheizen. Eine 8 x 22 cm große Kastenform einölen und mit Backpapier ausschlagen. Das Eiweiß steif schlagen und dann langsam den Zucker einrühren. Wenn der Eischnee glänzt, Mehl, Orangenschale, Mandeln und Kardamom unterziehen. Die Mischung in die Form geben und 40 Minuten backen.

Das Mandelbrot auf einem Kuchengitter abkühlen lassen, dann mit einem Brotmesser in dünne Scheiben schneiden und auf einem Backblech ausbreiten. 15 Minuten bei 140 °C knusprig backen. Vollständig auf einem Kuchengitter abkühlen lassen, dann in einem luftdicht verschließbaren Behälter aufbewahren.

Zubereitungszeit: ca. 30 Minuten
(plus Backzeit)
Ca. 1174 kcal/4915 kJ
36 g E · 144 g KH · 49 g F

Vanille-Orangen

4 El feinster Zucker
4 El Orangensaft
1 Vanilleschote
4 Orangen

Zucker, Saft und das herausgekratzte Mark von der Vanilleschote in einem Topf sanft erhitzen, bis der Zucker gelöst ist. Die Temperatur erhöhen und die Mischung dickflüssig einkochen lassen.

Die Orangen schälen, weiße Haut und Zwischenwände entfernen und Filets herausschneiden.

Die Orangenfilets vorsichtig einrühren, um sie mit dem Sirup zu überziehen.

Zubereitungszeit: ca. 35 Minuten
Ca. 521 kcal/2182 kJ
8 g E · 111 g KH · 2 g F

Vanille-Eiscreme

8 Eigelb
200 g feinster Zucker
375 ml Milch
375 ml Sahne
1 Vanilleschote, aufgeschnitten

Eigelbe und Zucker dick und cremig aufschlagen. Milch und Sahne in einem Topf mit der Vanilleschote erhitzen, dann die Milch unter Schlagen zur Ei-Zucker-Mischung gießen.

Die Vanillesauce wieder in den Topf geben und bei schwacher Hitze rühren*, bis sie dickflüssig genug ist, um an einem Holzlöffel zu haften. Die Vanilleschote entfernen und das Mark in die Sauce kratzen. Abkühlen lassen.

Die Mischung in einer Schale einfrieren. Die Eiscreme-Mischung dann alle zwei Stunden aus dem Gefrierfach holen und durchrühren. Dadurch werden die Eiskristalle zerkleinert und das Eis wird cremig.

* Nicht kochen lassen!

Zubereitungszeit: ca. 30 Minuten
(plus Kühlzeit)
Ca. 3401 kcal/14245 kJ
73 g E · 232 g KH · 234 g F

Toffee-Äpfel

4 grüne Äpfel, geschält, entkernt und geachtelt
3 El feinster Zucker
1 Tl Zimt

Die Apfelspalten in Zucker, Zimt und 2 Esslöffeln Wasser wenden.

Bei mittlerer Hitze in eine Pfanne geben und karamellisieren lassen. Sobald die Spalten karamellisieren, wenden und von der anderen Seite karamellisieren.

Zubereitunszeit: ca. 35 Minuten
Ca. 443 kcal/1854 kJ
2 g E · 98 g KH · 3 g F

Vanillesauce

2 Eigelb
2 El feinster Zucker
310 ml Milch
1 Vanilleschote, aufgeschnitten

Eigelbe und Zucker dick und cremig aufschlagen. Die Milch in einem Topf mit der Vanilleschote erhitzen, dann unter Schlagen zur Ei-Zucker-Mischung gießen.

Die Vanillesauce wieder in den Topf geben und bei schwacher Hitze rühren*, bis sie dickflüssig genug ist, um an einem Holzlöffel zu haften. Die Vanilleschote entfernen und das Mark in die Sauce kratzen.

* Nicht kochen lassen!

Zubereitungszeit: ca. 35 Minuten
Ca. 579 kcal/2424 kJ
23 g E · 35 g KH · 36 g F

Schoko-Teigboden

Ergibt 1 Form
160 g Butter
185 g Mehl
2 El Kakaopulver

Alle Zutaten in der Küchenmaschine zu einem Teig verarbeiten. Wenn der Teig nicht zusammenhält, mit einem Spritzer eiskaltem Wasser befeuchten. Den Teig 30 Minuten in Frischhaltefolie eingeschlagen kalt stellen.

Den Teig möglichst dünn ausrollen (am besten zwischen zwei Lagen Frischhaltefolie) und eine 25 cm-Tarteform damit auskleiden. Bis zur Verwendung kalt stellen.

Den Backofen auf 180 °C vorheizen. Die Form mit Backpapier ausschlagen, mit Trockenbohnen oder ungekochtem Reis beschweren und 15 Minuten blindbacken.

Papier und Backgewichte entfernen und den Boden weitere 5 Minuten backen, bis er gar und trocken aussieht.

Zubereitungszeit: ca. 45 Minuten
(plus Kühlzeit)
Ca. 1932 kcal/8092 kJ
26 g E · 136 g KH · 142 g F

Schoko-Glasur

100 g Zartbitterschokolade
125 ml Sahne
1 El Frangelico
1 Tl Zimtpulver

Schokolade und Sahne in einem kleinen Topf bei sehr schwacher Hitze erwärmen. Sobald die Sahne heiß wird, den Topf vom Herd nehmen, die Schokolade unter Rühren schmelzen und mit der Sahne zu einer dickflüssigen Creme verrühren. Likör und Zimt einrühren und die Glasur vor dem Glasieren etwas abkühlen lassen.

Zubereitungszeit: ca. 35 Minuten
Ca. 911 kcal/3814 kJ
11 g E · 60 g KH · 70 g F

Kardamom-Rosenwasser-Sirup

110 g Zucker
1 Tl Zitronensaft
5 Kardamomsamen, leicht zerstoßen
½ Tl Rosenwasser

Zucker, Zitronensaft und Kardamom mit 250 ml Wasser in einen kleinen Topf geben. Langsam aufkochen, so dass sich der Zucker vollständig löst, dann die Temperatur reduzieren und 5 Minuten köcheln lassen.

Den Sirup vom Herd nehmen und das Rosenwasser einrühren.

Der Sirup hält sich im Kühlschrank mehrere Wochen.

Zubereitungszeit: ca. 35 Minuten
Ca. 444 kcal/1861 kJ
0 g E · 111 g KH · 0 g F

Pfannkuchenteig

125 g Mehl, mit Backpulver versetzt
1 Tl feinster Zucker
1 Ei
185 ml Milch

Mehl, Zucker, Ei und 1 Prise Salz in einer Schüssel zu einem dickflüssigen Teig verrühren, dann mit der Milch glatt rühren. Darauf achten, dass keine Klümpchen im Teig bleiben. Den Teig abdecken und bis zur Verwendung in den Kühlschrank stellen.

Zubereitungszeit: ca. 15 Minuten
Ca. 693 kcal/2904 kJ
28 g E · 108 g KH · 15 g F

Glossar

Austernpilze
Diese schön geformten Pilze mit delikatem Geschmack haben in der Regel eine graubraune Färbung, sind aber auch als roséfarbene und gelbe Sorten erhältlich.

Balsamessig (Balsamico)
Balsamessig ist ein dunkler, aromatischer, süßlicher Essig aus Traubensaft. Die Produktion wird sorgfältig kontrolliert. Der klassische Balsamessig trägt die Aufschrift „Aceto Balsamico Tradizionale de Modena" oder „Aceto Balsamico de Modena".

Bambus-Dämpfeinsatz
Dieser preiswerte Bambuskorb besitzt einen Deckel und einen geflochtenen Boden. Die Speisen werden zum Garen im Korb über einen Topf mit kochendem Wasser gestellt.

Betelblätter
Diese duftenden, gezackten grünen Blätter stammen vom Betelstrauch. Man erhält sie in indischen Lebensmittelgeschäften.

Blätterteig
Der beste Blätterteig wird mit Butter statt mit Pflanzenfett hergestellt, was ihm einen vollen Geschmack verleiht. Alternativ kann man einfachen Blätterteig auch mit zerlassener Butter bestreichen.

Bocconcini
Dies sind kleine Mozzarellakugeln, die in der eigenen Molke verkauft werden. Frisch sind sie weich und elastisch und schmecken nach Milch. Man erhält sie in Feinkostgeschäften.

Braune Miso
Braune Miso (hatcho miso) ist eine Paste aus fermentierten Sojabohnen, Salz und entweder Reis oder Gerste. Sie wird in der japanischen Küche häufig für Suppen, Brühen und als Zutat für Saucen und Eingemachtes verwendet. Braune Miso hat einen kräftigeren Geschmack als weiße. Man erhält sie in asiatischen Lebensmittelgeschäften und manchen Reformhäusern.

Chicorée
Dieser Blattsalat besitzt einen leicht bitteren Geschmack und eine knackige Konsistenz. Es gibt sowohl blassgelbe als auch violette Sorten.

Chinesische schwarze Bohnen
Diese gesalzenen schwarzen Bohnen erhält man vakuumverpackt oder in Dosen in asiatischen Lebensmittelgeschäften.

Crème de Framboise
Ein Himbeerlikör aus Frankreich.

Crème fraîche
Eine dickflüssige bis stichfeste gesäuerte Sahne aus pasteurisierter Kuhmilch, die in jedem Supermarkt erhältlich ist.

Curryblätter
Die kleinen, grünen, aromatischen Blätter eines in Indien und Sri Lanka heimischen Baumes. Sie verleihen südindischen Gerichten einen unverwechselbaren Geschmack. Sie werden entweder gebraten zu einem Gericht gegeben oder als Garnierung verwendet.

Daikon
Daikon ist ein großer weißer Rettich mit einem je nach Jahreszeit und Sorte milden bis scharfen Geschmack. Daikon enthält ein verdauungsförderndes Enzym. Er kann frisch gerieben oder in Brühe gekocht werden und ist in asiatischen Lebensmittelgeschäften erhältlich. Er sollte fest und glänzend sein und keine Schadstellen aufweisen.

Dashi-Granulat
Mit dem Granulat kann man mit heißem Wasser eine schnelle Dashi-Brühe aufgießen.

Eingelegte Zitrone
Dies sind ganze, in Salz oder Lake eingelegte Zitronen, deren Schale dadurch weich wird. Man verwendet nur die Schale, das Fruchtfleisch sollte entfernt werden. Man erhält eingelegte Zitronen in Feinkostgeschäften.

Eingelegter Ingwer
Japanischer eingelegter Ingwer ist in asiatischen Lebensmittelgeschäften erhältlich. In Streifen geschnittene junge Ingwerwurzel wird in süßem Essig eingelegt und nimmt dabei eine lachsrosa Farbe an (leuchtend rosa Ingwer ist künstlich gefärbt). Der Essig verleiht Saucen eine süßliche Ingwernote.

Enoki-Pilze
Diese hellen, delikaten Pilze haben lange Stiele und winzige Köpfe. Sie sind recht empfindlich und müssen nur kurz gegart werden.

Feta
Feta ist ein weißer Käse aus Schafs- oder Ziegenmilch. Der frische Käse wird gesalzen und in Blöcke geschnitten, bevor er in der eigenen Molke reift. Er muss in Molke oder Öl aufbewahrt werden, da er schnell verdirbt. Persischer Feta ist besonders cremig. Man erhält ihn in Feinkostgeschäften und einigen Supermärkten.

Fischsauce
Die sehr aromatische, salzige Flüssigkeit aus fermentiertem Fisch wird häufig in der südostasiatischen Küche verwendet und hat einen salzigen, herzhaften Geschmack. Kaufen Sie eine kleine Flasche, die Sie im Kühlschrank aufbewahren.

Frangelico
Ein italienischer Haselnusslikör, der in einer wie eine Mönchskutte geformten Flasche verkauft wird.

Frischer Meerrettich
Frischer Meerrettich ist eine große weiße Wurzel mit einer knubbeligen braunen Schale. Er ist sehr aromatisch mit einem pikant-scharfen Geschmack.

Gemahlene Mandeln
Es gibt mit der Schale gemahlene Mandeln, deren Mehl dunkler ist und die man in Reformhäusern erhält, und abgezogene gehäutete Mandeln, die man als Ersatz verwenden kann.

Geräucherte Lachsforelle
Diese Lachsforelle wird ganz oder filetiert verkauft. Sie kann heiß oder kalt verzehrt werden. Entfernen Sie vor dem Kochen alle kleinen Gräten.

Getrocknete Porcini-Pilze
Getrocknete Porcini-Pilze (Steinpilze) erhält man entweder abgepackt oder lose in Feinkostgeschäften.

Granatapfelsirup
Dies ist ein dickflüssiger Sirup aus eingekochtem Granatapfelsaft. Er hat einen bittersüßen Geschmack, der vielen arabischen Gerichten eine säuerliche Frische verleiht. Man erhält ihn in gut sortierten Feinkostgeschäften.

Halloumi
Halloumi ist ein halbfester Ziegenkäse. Er hat eine gummiartige Konsistenz und wird beim Grillen oder Braten weich. Man erhält ihn in Feinkostgeschäften.

Hijiki
Hijiki ist getrockneter, grob zerkleinerter, brauner Seetang, der vor der Verwendung eingeweicht werden muss. Man erhält ihn in asiatischen Lebensmittelgeschäften.

Indische eingelegte Limetten
Eingelegte Limetten erhält man in indischen Lebensmittel- und einigen Feinkostgeschäften. Sie werden in der indischen Küche als Beilage serviert.

Ingwersaft
Frischer Ingwersaft wird aus fein geriebenem und ausgepresstem Ingwer gewonnen.

Kapern
Kapern sind die grünen Knospen eines mediterranen Strauches, die in Lake oder Salz eingelegt sind. Gesalzene Kapern sind fester und oft kleiner als die in Lake eingelegten. Spülen Sie sie vor dem Gebrauch gut ab.

Kokoscreme
Die in Dosen abgefüllte Kokoscreme ist etwas dickflüssiger als Kokosmilch. Man kann als Alternative auch die dicke Creme von der Oberfläche der Kokosmilch in Dosen abschöpfen. Geben Sie die Milch in eine Schüssel und warten Sie – die Creme setzt sich an der Oberfläche ab.

Mascarpone
Dieser cremige italienische Frischkäse wird häufig als Basis für süße und herzhafte Speisen verwendet.

Matsutake-Pilze
Diese japanischen Pilze sind braun, dick und fleischig. Sie werden einfach in Butter geschwenkt. Man kann sie durch Ritterlinge ersetzen.

Mirin
Mirin ist ein in der japanischen Küche verwendeter Reiswein. Er verleiht vielen Saucen und Dressings Süße und wird zum Marinieren verwendet. Man erhält ihn in asiatischen Lebensmittelgeschäften.

Mozzarella
Frischer Mozzarella ist in Feinkostgeschäften erhältlich und zeichnet sich durch ein glattes, weißes Äußeres und seine Kugelform aus. Er sollte nicht mit industriell hergestelltem Mozzarella verwechselt werden, der meistens als Pizzabelag dient. Mozzarella wird meist in Molke eingelegt verkauft.

Naturjoghurt
Verwenden Sie am besten einen guten griechischen Joghurt. Wenn der Joghurt wässrig ist, lassen Sie ihn 2 Stunden in einem mit einem Tuch ausgeschlagenen Sieb abtropfen.

Nori
Nori ist essbarer Seetang, der in hauchdünnen Blättern verkauft wird. Die glänzende Seite der Blätter wird bei schwacher Hitze leicht geröstet, um den Geschmack zu konzentrieren. Nori-Blätter erhält man in asiatischen Lebensmittelgeschäften, Reformhäusern und Feinkostgeschäften.

Orangenblütenwasser
Dieses duftende Destillat der Bitterorangenblüte wird als Aroma für Gebäck und Getränke verwendet. Man erhält es in Feinkostgeschäften und gut sortierten Supermärkten.

Palmzucker
Palmzucker wird aus dem Saft verschiedener Palmenarten gewonnen und meist in Blöcken verkauft. Man erhält ihn in asiatischen Lebensmittelgeschäften und gut sortierten Supermärkten. Man kann ihn durch braunen Zucker ersetzen.

Pancetta
Pancetta ist italienischer gesalzener Schweinebauch. Man erhält ihn in Feinkostgeschäften und einigen Supermärkten. Er wird entweder gerollt und dünn aufgeschnitten oder in großen Stücken zum Würfeln verkauft. Er verleiht Gerichten einen vollen Speckgeschmack.

Panettone
Ein aromatisches norditalienisches Hefebrot mit Rosinen und kandierten Zitrusschalen. Panettone ist ein klassisches Weihnachtsgebäck, das in Feinkostgeschäften und Supermärkten erhältlich ist. Es gibt ihn in verschiedenen Größen.

Pesto
Die in den meisten Supermärkten erhältliche Pesto ist eine pürierte Sauce aus Basilikum, Knoblauch, Parmesan, Pinienkernen und Olivenöl.

Prosciutto
Prosciutto ist ein leicht gesalzener, luftgetrockneter Schinken. Er ist meist hauchdünn aufgeschnitten in Feinkostgeschäften und Supermärkten erhältlich. Parmaschinken und San Daniele sind zwei Prosciutto-Sorten.

Reisweinessig
Diesen aus fermentiertem Reis hergestellten Essig gibt es in klaren, roten und schwarzen Sorten. Wenn ein Rezept nach Reisweinessig verlangt, verwenden Sie die klare Variante.

Ricotta
Ricotta kann man im vom Rad geschnittenen Stück oder im Topf kaufen. Der Käse vom Rad ist meist fester und besser zum Backen geeignet. Wenn Sie nur Ricotta aus dem Topf bekommen können, lassen Sie ihn mehrere Stunden in einem mit einem Presstuch ausgeschlagenen Sieb abtropfen.

Risoni
Risoni sind kleine reisförmige Nudeln.

Risotto-Reis
Es gibt drei bekannte und weithin erhältliche Sorten von Risotto-Reis: Arborio, ein großes, dickes Korn, das ein klebriges Risotto ergibt, Vialone nano, ein kürzeres Korn, das ein lockereres Risotto gibt, aber einen eher mittleren Biss besitzt, und Carnaroli, das ein Risotto mit fester Konsistenz ergibt. Alle Sorten sind gleichwertig, aber die Garzeiten können um rund 5 Minuten variieren.

Rosa Pfefferkörner
Dies sind keine echten Pfefferkörner, sondern die aromatischen getrockneten Beeren des peruanischen Pfefferbaums.

Rosenwasser
Ein Destillat aus Rosenblütenblättern. Rosenwasser verleiht Gebäck und Pudding einen duftigen Geschmack. Man erhält es in Feinkostgeschäften und großen Supermärkten.

Safranfäden
Dies sind die orange-roten Staubfäden einer Krokusart. Safran ist teuer und sollte in kleinen Mengen gekauft werden. Man braucht nur wenig, da er einen intensiven Geschmack hat.

Sahne
Sahne wird in verschiedenen Fettstufen verkauft. Wenn sie geschlagen werden soll, muss sie mindestens 35 Prozent Fett enthalten.

Sambal oelek
Eine scharfe Paste aus zerstoßenen Chilischoten, Salz und Essig, die in asiatischen Lebensmittelgeschäften und den meisten großen Supermärkten erhältlich ist.

Sashimi-Lachs
Lachs, der für rohes Sushi und Sashimi verkauft wird, ist für gewöhnlich der frischeste Fisch des Marktes. Kaufen Sie lieber ein dickes Stück aus der Mitte als vom schmaleren Schwanzende.

Schwarze Sesamkörner
Die hauptsächlich in der asiatischen Küche verwendeten schwarzen Sesamkörner verleihen Speisen Farbe, Biss und einen leicht nussigen Geschmack. Man erhält sie in asiatischen Lebensmittelgeschäften. Kaufen Sie kleine Mengen, da sie schnell ranzig werden.

Senfkörner
Senfkörner besitzen einen stechenden, scharfen Geschmack, der durch Erhitzen gemildert wird. Es gibt braune und gelbe Körner, wobei die braunen verbreiteter sind.

Sesamöl
Sesamöl gibt es in zwei Sorten. Das dunklere, kräftigere Öl wird aus gerösteten Sesamkörnern hergestellt und stammt aus China, während die hellere, nicht geröstete Variante arabischen Ursprungs ist.

Shiitake-Pilze
Diese asiatischen Pilze haben weiße Lamellen und einen braunen Kopf. Dank ihrer fleischigen Konsistenz behalten sie beim Garen die Form. Getrocknete Shiitake-Pilze werden manchmal als getrocknete Chinapilze verkauft.

Somen-Nudeln
Diese dünnen japanischen Weizennudeln werden in Bündeln getrocknet verkauft. Man erhält sie in asiatischen Lebensmittelgeschäften.

Sternanis
Diese hübsche sternförmige Trockenfrucht enthält kleine, ovale, braune Samen. Der Geschmack ähnelt dem von Anis, erinnert aber mehr an Süßholz. Er wird wegen seiner Form für gewöhnlich ganz verwendet.

Sumach-Gewürz
Sumach ist ein pfeffriges, säuerliches Gewürz aus getrockneten und gemahlenen Sumachbeeren. Die Frucht dieses Strauchs wird typischerweise in der arabischen Küche verwendet. Man erhält Gewürz-Sumach in Feinkost- und arabischen Lebensmittelgeschäften.

Szechuan-Pfeffer

Dieser Pfeffer wird aus den getrockneten roten Beeren des im chinesischen Szechuan heimischen Zahnwehholzes gewonnen. Die Beeren besitzen einen würzig-scharfen Geschmack mit einem betäubenden Nachgeschmack, der recht lange anhalten kann. Am besten werden die Beeren trocken geröstet und zerstoßen. Japanischer Sancho-Pfeffer ist ein enger Verwandter und kann als Ersatz dienen.

Tahini

Tahini ist eine cremige Sesampaste. Man erhält sie in Gläsern in gut sortierten Supermärkten.

Tamarinde

Tamarinde ist das saure Mark einer asiatischen Frucht. Man erhält es meist gepresst oder als Konzentrat in Gläsern in asiatischen Lebensmittelgeschäften. Um Tamarindenwasser herzustellen, bedeckt man 100 g gepresstes Tamarindenmark mit 500 ml kochendem Wasser und lässt es unter gelegentlichem Rühren 1 Stunde ziehen, bevor man es abseiht. Verwenden Sie Tamarindenkonzentrat nach Anleitung des Herstellers.

Tortillas

Diese dünnen, runden Maisfladen finden in der mexikanischen Küche Verwendung. Tortillas sind fertig abgepackt in gut sortierten Supermärkten erhältlich.

Umeboshi-Pflaumen

Dies sind in Wirklichkeit rot gefärbte und in Salz eingelegte japanische Aprikosen mit einem säuerlich-salzigen Geschmack. Man erhält sie in Feinkost- und asiatischen Lebensmittelgeschäften.

Wantan-Blätter

Diese hauchdünnen Teigblätter sind frisch oder tief gekühlt in asiatischen Lebensmittelgeschäften erhältlich. Sie können um Füllungen gewickelt und gedämpft, frittiert oder in Brühe gekocht werden. Es gibt sie als Kreise oder Vierecke in verschiedenen Stärken.

Wassermelone

Dieses rotfleischige Kürbisgewächs, das zu 95 % aus Wasser besteht, ist ein guter Durstlöscher. Vor dem Verzehr sind die ungenießbaren Kerne zu entfernen. Die Wassermelonen empfehlen sich im Sommer als erfrischender Nachtisch.

Weinblätter

Die großen grünen Blätter der Weinrebe werden frisch oder in Lake eingelegt verkauft. Man verwendet sie in der griechischen und arabischen Küche als Umschläge. Eingelegte Weinblätter sollten vor der Verwendung abgespült werden. Frische, junge Weinblätter können 10 Minuten in Wasser geköchelt werden, um sie geschmeidig zu machen.

Weiße Miso

Weiße Miso (die eigentlich blassgelb ist) ist eine fermentierte Paste aus Sojabohnen, Salz und entweder Reis oder Gerste. Sie wird in der japanischen Küche häufig für Suppen, Brühen und als Zutat für Saucen und Eingemachtes verwendet. Weiße Miso hat einen süßen, sanften Geschmack und einen relativ niedrigen Salzgehalt. Man erhält sie in asiatischen Lebensmittelgeschäften und manchen Reformhäusern.

Ziegenfrischkäse

Dies ist ein weicher Frischkäse aus Ziegenmilch mit einem leicht säuerlichen, aber milden und cremigen Geschmack.

Rezeptverzeichnis

T

U

V

W

Z